HR精英
必备的
通识手册

| 沟通+心理 |

刘　畅◎编著

中国铁道出版社有限公司
CHINA RAILWAY PUBLISHING HOUSE CO., LTD.

北　京

图书在版编目（CIP）数据

HR 精英必备的通识手册 . 沟通 + 心理 / 刘畅编著 . -- 北京：中国铁道出版社有限公司, 2025. 6. -- ISBN 978-7-113-32106-2

Ⅰ. F279.23-62

中国国家版本馆 CIP 数据核字第 2025N7N431 号

书　　名：HR 精英必备的通识手册（沟通 + 心理）
　　　　　HR JINGYING BIBEI DE TONGSHI SHOUCE（GOUTONG + XINLI）

作　　者：刘　畅

责任编辑：王　宏	编辑部电话：（010）51873038	电子邮箱：17037112@qq.com
封面设计：宿　萌		
责任校对：苗　丹		
责任印制：赵星辰		

出版发行：中国铁道出版社有限公司（100054，北京市西城区右安门西街 8 号）
网　　址：https://www.tdpress.com
印　　刷：河北燕山印务有限公司
版　　次：2025 年 6 月第 1 版　2025 年 6 月第 1 次印刷
开　　本：710 mm×1 000 mm　1/16　印张：11.5　字数：200 千
书　　号：ISBN 978-7-113-32106-2
定　　价：69.80 元

版权所有　侵权必究

凡购买铁道版图书，如有印制质量问题，请与本社读者服务部联系调换。电话：（010）51873174
打击盗版举报电话：（010）63549461

前言

HR（human resources）即人们常说的人力资源，企业内的人力资源岗位一般负责各项人力资源管理工作，是企业内的一个重要职位。那么要做好人力资源岗位工作，HR应该具备哪些技能呢？

除了制作表格、文件，策划人事活动，HR大部分工作都与人员管理有关，需要与求职者、新入职员工、各部门老员工开展各种面谈，在面谈中了解员工的才能和不足，激发人才潜能，为企业发展培养更优秀的人才。面对不同人群，HR需要了解基本的沟通技巧，同时要掌握一些心理学知识，才能做到了解面谈对象。

为了让HR重视这两种基本的人事技能，更好地与企业内部员工沟通，完成各项人事管理工作，作者编写了本书。通过阅读本书，读者能够了解基础的心理学知识，捕捉员工的心理活动，并通过心理学的视角去看待人事工作，解决人事工作中的难点问题。同时，HR也能对沟通技巧有更多的了解，知道如何表达自己的看法，听到对方的"心里话"。这两种技巧相辅相成，能够助力HR高效开展人事工作。

本书共七章，可划分为三部分。

第一部分为第1～3章，主要讲解与人力资源有关的心理学知识，包括招聘活动中的心理学应用、面试活动中的心理学应用、入职心理辅导、缓解职场压力的心理学应用等，同时对人事工作中可能应用心理学的场景也进行了详细介绍。

第二部分为第 4～6 章，主要介绍 HR 应该掌握的沟通技巧，包括面试邀约、面试提问、入职面谈、薪酬谈判、绩效反馈、解雇员工、离职面谈等环节。这些环节属于关键的人事管理工作，与 HR 的日常工作息息相关，读者可将沟通技巧运用到日常工作中，提高沟通效率。

第三部分为第 7 章，主要介绍 HR 在企业内如何进行日常工作交流，如跨部门沟通、与领导沟通、与团队成员沟通等。不仅是 HR，任何职场人士都应该了解这些基本的沟通方式。

本书以 HR 的人事工作为切入点，详细讲解工作中需要用到的心理学知识和沟通技巧，书中通过大量案例解释有关知识点，方便读者理解，人事工作中需要的表格也在书中充分罗列，读者可以直接使用。为了增加阅读趣味性，书中插入了图示、小贴士等版块，读者可以从中获取更多知识点。

最后，希望所有读者都能从本书中学到所需的知识，成为一名专业的人事工作者。

编　者

2025 年 1 月

目录

第1章 人力资源与心理学的联系
1.1 为什么HR要懂心理学 1
1.1.1 什么是人力资源管理 1
1.1.2 HR扮演多重角色 3
1.1.3 心理学在人力资源中的运用 4
1.2 HR的心理成长 6
1.2.1 学会控制情绪 6
1.2.2 常用的解压方式 8
1.2.3 人际纠纷怎么解决 9
实例分析 HR敷衍解决人际纠纷致员工离职 9
1.2.4 克服职场综合征 11
1.3 企业文化影响员工心理 12
1.3.1 建立企业文化的必要性 12
1.3.2 企业文化对员工内心的影响 13
1.3.3 对员工输出企业价值观 14

第2章 招聘新员工从内心入手
2.1 玩转招聘心理游戏 15
2.1.1 招聘启事要打动人心 15
实例分析 HR对职位描述不准确 15
实例分析 让求职者快速获取关键信息 18

2.1.2	从简历中看出员工未表述的内容	19
2.1.3	面试偏见要规避	22
2.1.4	心理契约与劳动合同缺一不可	23
	实例分析 HR 拔高了求职者的心理期待	23

2.2 运用好面试辅助工具 ... 25

2.2.1	面试环境影响心理状态	25
	实例分析 环境让求职者心情放松	25
2.2.2	心理测评让你更了解员工	27
2.2.3	从动作服饰观察求职者内心	30
2.2.4	背调展示员工的心理变化	32

2.3 熟悉各种面试心理法则 ... 38

2.3.1	顺序效应影响 HR 的客观判断	38
2.3.2	首因效应导致先入为主	41
	实例分析 求职者形象差被淘汰	41
2.3.3	晕轮效应形成刻板印象	42
2.3.4	胜任特征全面评价求职者	42
2.3.5	知觉心理法则侧面了解员工	44

第 3 章 从"心"接受员工才能好好工作

3.1 入职心理辅导不能少 ... 45

3.1.1	不同性格适合不同岗位	45
3.1.2	兴趣测试为员工选择方向	46
	实例分析 霍兰德职业兴趣测量表	46
3.1.3	职业规划为员工打气	51
3.1.4	帮助员工融入新环境	54

3.2 让员工从内心接受绩效考核 ... 56

3.2.1	绩效考核应客观公正	56
3.2.2	什么是 SMART 原则	59
3.2.3	绩效考核指标要合理	59
3.2.4	绩效考评常见的心理误区	61
3.2.5	影响绩效评估的因素	62

3.3 用心理学缓解职场压力 63
3.3.1 职场压力不容小觑 63
实例分析 职场压力评估问卷 64
3.3.2 营造良好的工作环境 65
3.3.3 激励员工从"心"开始 66
3.3.4 如何了解员工满意度 67
实例分析 员工满意度调查问卷 68
3.3.5 职业倦怠期提前应对 72
3.3.6 雷尼尔效应吸引人才 74

第 4 章 HR 如何与招聘候选人沟通
4.1 电话邀约要表述清楚 75
4.1.1 先表明身份 75
实例分析 表明身份信息（示例 1） 76
实例分析 表明身份信息（示例 2） 76
实例分析 表明身份信息（示例 3） 76
实例分析 表明身份信息（示例 4） 76
4.1.2 约定面试的基本要素 77
实例分析 讨论面试要素（示例 1） 77
实例分析 讨论面试要素（示例 2） 78
4.1.3 为候选人答疑解惑 78
实例分析 候选人询问薪酬待遇 79
实例分析 候选人询问福利 79
4.1.4 邀人面试用上技巧 80
实例分析 应对敷衍型候选人 80
实例分析 与回避型候选人对话 81
实例分析 与自大型候选人对话 82
实例分析 与热情型候选人对话 83
实例分析 与专业型候选人对话 83
4.1.5 完善邀约细节 84
4.2 面试环节巧提问 85
4.2.1 什么是结构化面试 85
实例分析 分阶段进行结构化面试 86

4.2.2 简单认识半结构化面试 89
　　　实例分析 银行招聘采用半结构化面试 90
4.2.3 灵活的非结构化面试 92
4.2.4 STAR 面试怎么操作 94
　　　实例分析 建立人才素质模型 94
　　　实例分析 按人才素质模型设计面试题库 95
　　　实例分析 HR 如何追问候选人 95
4.2.5 一对一如何进行面谈 96
　　　实例分析 一对一面试问答 97
4.2.6 HR 的多种提问类型 98
4.2.7 哪些提问方式应该避免 102

4.3 入职面谈表真诚 102

4.3.1 入职面谈的重要意义 102
4.3.2 入职面谈的内容有哪些 103
4.3.3 入职面谈也需要反馈 104
4.3.4 转正面谈谈什么 106
　　　实例分析 转正面谈问卷式记录单 107

第 5 章　薪酬谈判和绩效反馈的技巧

5.1 薪酬谈判有礼有节 109

5.1.1 薪酬谈判的重要环节 109
　　　实例分析 薪酬条款 113
5.1.2 薪酬谈判的表格工具 114
5.1.3 重点介绍企业优势 117
　　　实例分析 突出公司福利 117
　　　实例分析 说明求职者的晋升途径 118
　　　实例分析 公司的深造学习机会 118
5.1.4 薪酬谈判不求快 119
　　　实例分析 薪酬谈判的三个节奏控制点 119
5.1.5 认识超出期望效应 120
　　　实例分析 超出期望效应的峰回路转 121

5.1.6　数字越精确越没有想象空间 121
　　　　　实例分析　直白的数据致谈判结束 122
　　　　　实例分析　模糊薪酬数据 122
　　　5.1.7　用整体薪酬打动求职者 123
　　　　　实例分析　求职者提出除薪酬待遇之外的需求 123
　　　　　实例分析　技术人员的薪酬组合 124
　　　5.1.8　化解谈判中的尴尬时刻 126
　　　　　实例分析　求职者对薪资要求表述含糊 126
　　　　　实例分析　罗列求职者的需求条件 127
　　　　　实例分析　面对自视甚高的求职者 128
　5.2　绩效反馈不是批评会议 128
　　　5.2.1　绩效反馈的基本流程 129
　　　　　实例分析　绩效反馈面谈对话 132
　　　5.2.2　针对面谈对象选择面谈方式 133
　　　　　实例分析　面对冲锋型员工 133
　　　5.2.3　绩效反馈的 BEST 原则 134
　　　　　实例分析　BEST 原则在绩效反馈中的应用 134
　　　5.2.4　绩效反馈的汉堡原理 135
　　　　　实例分析　汉堡原理在绩效反馈中的应用 135

第 6 章　高效沟通才能好聚好散

　6.1　处理好解雇事宜 137
　　　6.1.1　解雇面谈选在何时何地 137
　　　6.1.2　如何通知员工解雇决定 138
　　　　　实例分析　周五通知解雇面谈的影响 138
　　　6.1.3　用事实说明解雇原因 139
　　　　　实例分析　直接说明解雇原因 139
　　　6.1.4　化解员工的对抗情绪 140
　　　　　实例分析　解雇面谈中的对抗情绪处理 140
　　　　　实例分析　有效转化员工抵触情绪 141
　　　6.1.5　约定好解雇赔偿金额 142
　　　　　实例分析　清楚说明经济补偿 143

6.2 离职面谈作最后挽留 144
6.2.1 离职面谈的必要性有哪些 144
实例分析 从离职人员处收集管理意见 144
6.2.2 简单寒暄更好聊 145
6.2.3 了解员工离职原因 146
实例分析 从不同维度发问得到离职原因 148
6.2.4 离职面谈中常见的问题 148
实例分析 如何面对意见很大的离职员工 149
6.2.5 离职面谈的四个阶段 150

第 7 章 企业内部沟通畅通无阻

7.1 跨部门沟通拉近关系 153
7.1.1 跨部门沟通的四大问题 153
7.1.2 从管理上提供跨部门沟通的便利 154
7.1.3 跨部门沟通要注意哪些方面 154
7.1.4 简化企业组织结构 157
实例分析 企业简化组织结构的流程 157
7.1.5 建立管理信息系统 159
7.1.6 利用各种沟通渠道 160

7.2 与领导沟通把握好度 162
7.2.1 如何应对领导指责 163
实例分析 领导指责 HR 未招够人 163
7.2.2 和领导好好谈升职加薪 164
实例分析 关于"个人薪资调整"的内容 164
7.2.3 如何向领导汇报工作 166
实例分析 汇报工作时切忌准备不足 166
实例分析 汇报工作时抓住重点 167
7.2.4 与领导意见不一应委婉表达 168

7.3 团队沟通高效完成工作 168
7.3.1 初次见面如何打破僵局 169
7.3.2 成员有争执该怎么办 170
7.3.3 懂得赞美团队成员 171
7.3.4 懂得拒绝同事的无理要求 172

第1章

人力资源与心理学的联系

人力资源管理涉及与人交流的环节非常多，与人交流不仅是语言的交流，更是心与心的交流，不懂得员工的心理和需求，再多的交流也是无用功。因此，HR 应该了解一些心理学知识，并将其运用到人事工作中，了解自己的同时，也要了解企业员工。

1.1 为什么 HR 要懂心理学

大部分企业内部都会设置人事岗位，或成立人力资源部，负责企业大大小小的人事工作，如人力资源规划、招聘、培训、绩效考核等。相信很多从事人力资源管理的 HR 都知道，要想成为一名合格的 HR，必须具备基本的人事管理能力及沟通能力，但心理学对人力管理的影响同样重要，能够帮助 HR 了解员工，从而进行合理的人事安排。

1.1.1 什么是人力资源管理

人力资源是指在一定范围内的人员所具有的劳动能力的总和。人力资源管理是现代企业的重要管理工作，是根据企业发展战略的要求，有计划地对人力资源进行合理配置，通过对企业所需员工进行招聘、培训、任用、考核等一系列安排，让员工发挥工作积极性和潜能，为企业创造更多经济效益。

人力资源管理通常包括以下具体内容：

岗位分析。根据行业和企业需要，在调查研究后，对各岗位工作性质、责任、工作流程、工作人员能力等设定具体的标准，编写合理的岗位说明书，方便后期不同人事工作的安排。

人力资源规划。以企业战略规划为起点，确定相配的人力资源规划，进而设置具体的人力资源目标，包括长期目标和短期目标。接着依照人力资源目标书写人力资源计划，保证人力资源的供需平衡，确保既能满足企业发展，又不会增加人力成本。

员工招聘。招聘是HR要做的一项重要工作，是指根据人力资源计划，对缺少的人力资源进行补充，满足企业的用工需求，将招聘选拔的人才安排到相应岗位。

绩效考核。绩效考核是激励员工的一种方式，是对企业所有员工的工作效率和工作态度进行定期考核，并依照考核结果及时做出反馈，针对不达标的员工给出改进意见。绩效考核结果还可作为员工晋升、薪资奖励、外出学习等的参考依据。

薪酬设计与管理。在进行岗位分析时，HR就需要对岗位薪资进行设计，其中包括了更为具体的项目，如岗位基本薪酬、绩效薪酬、津贴、奖金及福利等详细而复杂的薪酬结构。这样的设计能让员工尽可能付出更多效能以获得更高的薪资，企业与员工都能有所获益。

员工激励。通过各种理论和方法激励员工，调整好员工的工作心态，避免其因工作环境、职业倦怠期、人际关系、升职薪资等问题而降低工作兴趣，影响工作效率。

培训与开发。培训员工是企业为提升员工工作能力而做的一项投资，通过培训，企业能够系统有序地提高员工的工作技能和企业人力资源的整体水准。员工培训一般包括入职培训、定期的技能培训、高精尖人才的晋升培训及各种主题培训（如安全培训）等。

职业规划。员工和企业要想共同发展，必须要有规划。企业有战略规划，员工也应该有职业生涯规划，HR应该鼓励和帮助员工依据自身能力和兴趣制定职业规划，激励其为了个人发展而努力工作。

人力成本控制。人力资源成本是企业的重要支出，人力资源部要与财务部门合作，核算人力资源成本与产出，控制人力成本，实现人力成本的节约。

劳动关系管理。企业与员工在签订劳动合同后就有了劳动关系，HR要协调和改善企业与员工的用工关系，做好企业文化建设，让员工对企业产生认同感甚至是荣誉感，让员工在和谐友好的环境中开展工作。

1.1.2 HR扮演多重角色

作为一名HR，在企业中会扮演多个角色，每个角色所承担的工作与职责都不同，HR应该清楚自己应当扮演的角色，并做好每个角色的工作。一般来说，企业HR主要承担以下四种角色。

一是企业的战略设计参与者。对于高级人力资源管理者来说，需要在企业高层进行战略发展规划时，提出人力资源方面的建议，包括组织结构的设计、岗位调整与设计、人力成本的优化等。

二是企业与员工的桥梁。HR既能与企业高层及各部门联络，又能了解各部门员工的基本信息与想法，可代表员工向企业提出要求，也可代表企业向员工传达指令。这样不会因为没有及时化解员工的不满，进而导致其离职，管理层也不会因为不晓下情，而做出苛刻或不实的规划。

三是管理设计者。与人力资源有关的绩效考核、组织文化建设、激励制度、招聘流程、离职入职程序等都需要HR提前设计，有关人员才能按照标准执行。

四是服务者。HR是面向企业全体员工的服务者，员工有任何困扰和疑问时，都可以向HR咨询，包括薪资问题、晋升问题、人际协调、个人发展问题等。

基于HR的四种基本角色，HR的工作定位及职责见表1-1。

表1-1 工作定位及职责

工作定位	工作职责
制定企业人力资源战略规划	①根据企业发展战略，制定相应的人力资源规划。 ②设计企业重要岗位的招聘计划。 ③为企业重大人事决策，如裁员、大规模招聘等给出有用意见。 ④定期收集并分析员工资料和工作状况。 ⑤做好人事工作和员工资料的大数据收集及储存，以便分析员工工作状况，提出有效的人事决策。 ⑥建立人力资源管理系统，方便人事部门储存资料、制定人事制度、管理企业员工
执行人力资源规划	①从制度入手，制定企业招聘制度、培训制度、绩效考核制度、入职手续、离职手续、员工手册等规章制度，让人事工作者按制度开展工作。 ②从组织结构入手，对企业部门层级进行划分，制定各部门层级的岗位说明书，指导员工招聘与培训计划的开展

续上表

工作定位	工作职责
建立沟通渠道	①建立多种与员工的沟通渠道，如面谈、会议、邮件、社交软件。 ②定期收集员工意见，反馈给相关部门。 ③处理员工投诉，并设置投诉反馈机制
人事事务	①制订企业年度人力资源需求计划和招聘计划。 ②依据招聘计划展开招聘工作，发布招聘启事，选拔人才。 ③做好各项培训工作，准备培训资料，安排培训老师及场地。 ④收集绩效考核结果，分析并进行绩效反馈，处理绩效申诉。 ⑤审核每月的薪资，并发布最终薪资数据，年末调整薪酬结构。 ⑥依据《中华人民共和国劳动法》《中华人民共和国劳动合同法》编制劳动合同
建立激励机制	采用各种有效的激励方式，让员工充满工作积极性

1.1.3 心理学在人力资源中的运用

现代企业用工更注重人性化和高效化，竞争加剧、人力成本不断攀升，企业和员工都面临着巨大的压力。HR更要注重员工的情绪管理，如出现消极负面的情绪，HR一定要及时干预和疏导，不然会对工作产生很大影响。

因此，HR要掌握一些基础的心理学知识，运用于日常工作中，这样才能达到更理想的工作效果。心理学在人事上的运用主要有以下五方面。

（1）完善管理

时代的进步发展给企业用人带来了很大的改变。现如今，企业在考察员工能力的同时，员工也在给企业打分，从薪资、管理模式、外在环境、人际交往等方面判断企业是否有发展潜力，是否值得自己停留。

而其中最大的变化，莫过于员工的情感需求和心理需求，员工工作除了得到薪资，还需要鼓励与赞赏，在有工作压力时也需要得到疏解，过去的管理制度中似乎忽略了这一点。现在HR就应该重视起来，制定更现代、更人性化的管理制度，不仅要了解员工的能力，还要关注员工的心理状况，主要从三个方面着手。

①保证各项制度的公平合理，不要让员工有不平衡的心理。员工觉得管理公平，才会接受绩效奖惩结果，才能真正反思和进步。

②了解员工的心理状态和真实想法，调整和改进制度中的不合理之处。

③在日常管理时，HR可运用心理测试问卷及其他方式，更好地与员工进行沟通。

HR若了解基本的心理学常识，会更易识别和发现员工的不良情绪，然后运用有关心理学知识调整其状态，帮助员工走出不良情绪。当然，更严重的心理问题需要专业的心理医生才能疏导。

过去的企业管理较为粗暴简单，只是一味要求员工，往往会导致员工产生不满和委屈，一定程度上会导致离职率的提高。HR首先要改变这种管理意识，明白关心员工也是HR的工作之一。

（2）协调员工关系

和谐的工作氛围能对身处其中的员工有积极影响，HR可运用心理学知识尽力维持员工之间的友好关系。在矛盾凸显的时候，更要想办法解决矛盾，令双方满意。

（3）激发人才潜能

企业中个人的素质和潜能对整体的提升有很大影响，能起到"1+1＞2"的效果。HR通过关注员工的心理状况和价值取向，能够更好地输出企业价值观，让员工接受企业文化，产生认同感。另外，对员工的不良情绪和心理压力做好引导，能让其以更加饱满的状态参与到工作中，发挥自己的潜能，为企业的发展贡献一份力量。

（4）辅助招聘

招聘是企业获得人力资源的重要途径。一般来说，招聘都是以面试、笔试为主，如果HR能有效利用心理学常识，便可对求职者的心理活动有更深的了解，并通过心理学测试对求职者进行分类，知悉其特点和劣势，安排最适合的工作。

从心理学角度来考核求职者，主要从求职者心理承受能力、应变能力、个人性格、协作能力等方面入手，比起求职者展示的工作经验、学历证书，心理层面的考核，也许更能让HR做出准确判断。如著名的"卡特尔16种人格因素问卷"，就是研究人员卡特尔教授编制的用于人格检测的一种问卷，简称16PF。

在人事管理中，16PF能够预测应试者的工作稳定性、工作效率和压力承受能力等，可广泛应用于心理咨询、人员选拔和职业指导的各个环节，为人事决策和人事诊断提供个人心理素质的参考依据。图1-1所示为16PF测试结果。

项目标准分

项目	标准分	项目	标准分	项目	标准分	项目	标准分
乐群性	5.0	聪慧性	1.0（低分）	稳定性	4.0	恃强性	7.0
兴奋性	10.0（高分）	有恒性	3.0（低分）	敢为性	6.0	敏感性	3.0（低分）
怀疑性	4.0	幻想性	5.0	世故性	6.0	忧虑性	7.0
实验性	6.0	独立性	7.0	自律性	5.0	紧张性	6.0

二元分析结果

项目	得分	项目	得分
适应与焦虑型	5.7	内向与外向型	7.6
感情用事与安详机警型	8.3	怯懦与果断型	7.4
心理健康因素	23.0	专业有成就者的人格因素	50.0
创造力强者的人格因素	2（低分）	在新环境中有成长能力的人格因素	10.0

图 1-1　16PF 测试结果

1.2　HR 的心理成长

HR 与企业其他员工一样都是职场中人，也会有职场压力，为了更好地开展工作，与其他员工友好沟通，HR 应该学习并运用心理学知识，提升自己的心理承受能力，做到有效管理情绪。

1.2.1　学会控制情绪

在工作繁多的高压环境下，人很容易产生不良情绪，进而影响工作效率。若 HR 不能很好地控制自我情绪，久而久之会产生不少工作失误，小失误变大失误，后果难以估量。

要控制情绪，首先要认识情绪，心理学家罗素提出了情绪分类的环形模式，可以帮助人们了解情绪，如图 1-2 所示。

情绪的产生有三种源头，下面分别介绍。

一是平常心境。这是比较平静而持久的情绪状态，持续时间一般很长，从几小时到几个月不等。

二是激情。它是指强烈的、爆发性的、持续时间短的情绪状态，激情情绪的产生通常是因为发生了对个人具有重大意义的事件，导致人做出相应的行为，如发怒时青筋暴起，高兴时朗声大笑。

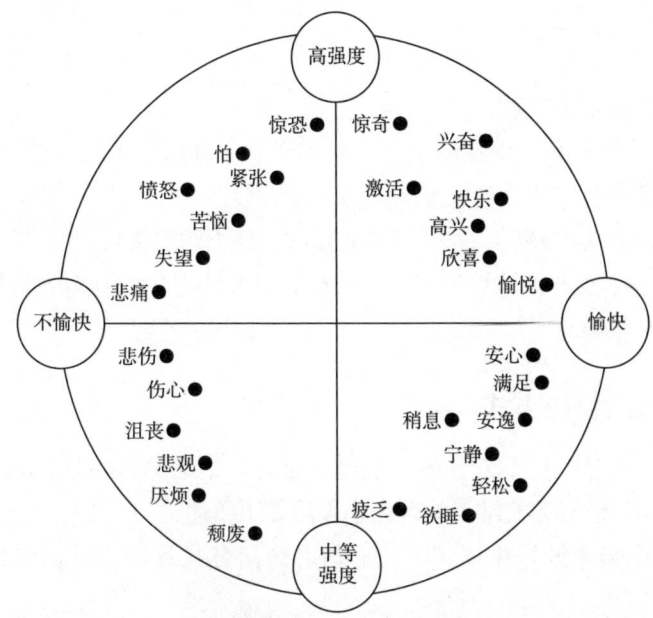

图 1-2　情绪分类的环形模式

　　三是应激。它是指由危险的或出乎意料的外界情况的变化所引起的一种情绪状态。应激状态下，身体处于充分动员的状态，心率、血压、体温、肌肉紧张度、代谢水平等都发生显著变化，机体活动力量增加，以应对紧急情况，如突遇危险，人能快速激发体内能量，搬起特别重的器材。

　　在产生不良情绪后，人们要如何控制呢？以下一些方法可供参考：

　　①意识到自己有了负面情绪，便可展开疏导。

　　②将发泄情绪转为分析情绪，对情绪产生的前因后果及负面影响进行梳理，可渐渐平静下来。

　　③情绪就像潮起潮落，有高低起伏，只要个人有意识平复，情绪会慢慢消减，等待时间过去也不失为一种有效的控制方法。

　　④控制情绪还可借助一些辅助方法，如人们在愤怒时可利用减压玩具发泄，焦虑时可以吃些甜食、烦躁时听听音乐……尽可能放松自己的思绪，不要让不良情绪在办公室中传播。

　　HR面对员工时，若在沟通中产生不良情绪又该如何呢？解决方式分四步骤：

　　①识别对方情绪；

　　②接受对方情绪；

③分析对方情绪；

④调整对方情绪。

具体操作方法有三种：

①在察觉对方产生不良情绪后，找到对方不理解和不接受的内容和想法，提供更全面的信息，不让信息差使双方产生误会。

②帮助对方答疑解惑，对于对方的疑问，尽力回答解释。

③设定一个双方都认可的积极的目标，以此为导向，让对方接受自己的提议，释放不良情绪。

1.2.2　常用的解压方式

HR 的工作范围广，内容多，积攒的压力一定不少。面对职场中的各种压力，HR 要如何缓解呢？常见的解压小技巧如下所述：

①在工作间隙做好生理调节，一些办公室健身运动能够调整自己的心理状态。

②小憩一会，养足精神，能更好地面对不良情绪。

③学会拒绝，不要把别人的事情担在肩上。

④找到一样兴趣爱好，可以分散自己的注意力，让生活有所寄托。

⑤娱乐自己，听音乐、看电影，劳逸结合。

⑥接受工作中遇到的问题，懂得寻求帮助，而不是自己硬扛。

⑦生活规律，做到不熬夜，按时吃饭。

⑧懂得分享，无论对工作有任何想法和意见，都可与同事分享。

⑨适当宣泄情绪，很多心理医生都会引导病人将烦恼一吐为快，与其压抑自己，不如试着发泄出来。

⑩香薰减压，如薰衣草、玫瑰、橙香等，HR 可选择自己喜欢的香气。

除了这些解压方法外，HR 还可利用心理治疗中常用的冥想减压法。冥想在心理学领域被广泛应用，是集中精神关注自己的思想与情感的一种放松状态，可用以消除紧张、焦虑和疲劳状态。其操作步骤如图 1-3 所示。

在进行冥想减压时，应注意以下五点事项，可更好地达到效果。

①冥想的外部环境最好不被人打扰，需避免噪声、光亮。

②服饰以宽松为主，不要穿紧身衣，避免给身体更多负担。

③排空肠胃，可以专心冥想。餐后不做练习，避免犯困。

④可以借助烛光、挂画等事物集中注意力。

⑤每天练习，让冥想变成一种生活习惯，对身心都有好处。

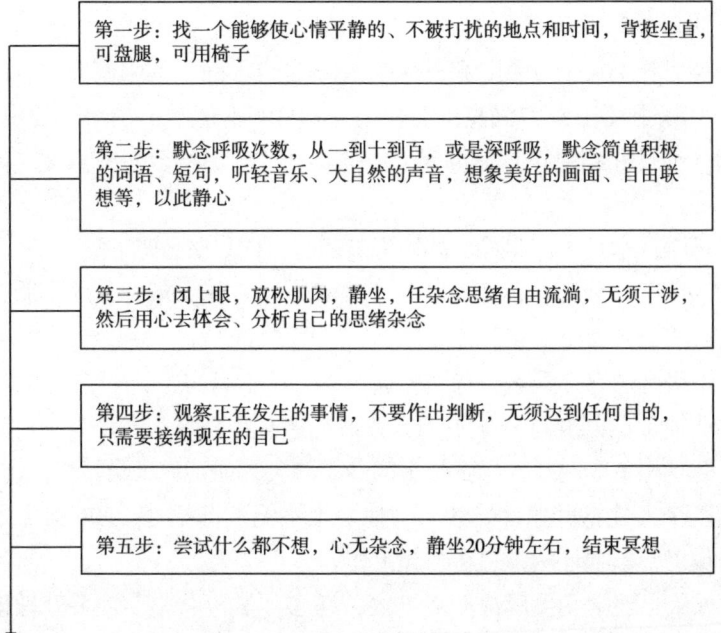

图 1-3　冥想减压法的基本步骤

1.2.3　人际纠纷怎么解决

企业内部组织越复杂，人员越多，产生人际纠纷的概率就越大。不和谐的人际关系不仅影响工作推进，还会使企业内部无法团结起来，对企业发展极为不利。企业内出现人际纠纷并不奇怪，HR应尽力减少人际纠纷的发生，当人际纠纷发生时，也要懂得应对和解决。

从如下案例便能认识到发生人际纠纷带来的负面影响。

实例分析　HR敷衍解决人际纠纷致员工离职

某广告设计公司接到一份订单，要求设计某品牌的新品营销广告，于是相关负责人决定将这项工作交给两位设计师共同完成。

然而在设计海报版面时，两人存在分歧，分别提出了不同的方案，双方都想要说服对方接纳自己的意见，最终产生纠纷，导致项目停滞不前。HR了解情况后，简单协调，对双方都进行了安抚，并建议由其中一位设计师担任主要负责人，另一位设计师为辅助人员。

虽然这个项目顺利推行下去，也没有再闹出什么纠纷，但没过多久，做辅助工作的设计师便离职了。

该案例可让 HR 意识到，解决冲突并不是自上而下的强制安排，而是要站在员工的立场上给出双方满意的解决方案。HR 不能敷衍了事，要慎重对待，清楚起因、经过和结果，划分冲突双方的责任，然后结合多方意见，做出合理的安排。

在职场中，常见的产生冲突的原因有四种，HR 有必要了解。

①同一团队中权责分派不清，每个人都有决定权，就会彼此不服，有的员工更是自恃资历，目空一切。

②上下级沟通存在误解，导致普通员工心存不满。

③团队或部门间利益分配不均，绩效考核有失公平，或是为了得到更多的绩效奖金而互相争夺利益，导致员工间产生冲突，如销售人员互相抢客户等。

④员工个人性格问题，导致与其他员工不能和谐相处，HR 应尽量调开性格不合的员工，不要让两人总在一起工作。

HR 可从心理学角度解决职场冲突，在心理学范畴中，冲突处理模式分为七种，见表1-2。

表1-2　冲突处理模式

处理模式	具体介绍
竞　争	将冲突转化为合理竞争，设定有序竞争的规则，让能力更强的员工凸显出来，占据主导地位，冲突自然化解，还能让双方积极参与工作
协　作	协作即整合双方的意见，分别从双方的意见中挑出可取之处，或让冲突双方交换信息与资源，探讨双方都认可的方式，以达到双赢
迁　就	HR 可说服其中一方放弃自己的部分利益，以共同的目标为导向，完成工作，并答应给予放弃利益的一方一些补偿
回　避	让冲突双方分开行动，回避冲突，或是将工作拆分为不同环节，一方负责一个阶段，且不在一处工作，从源头避免争端
折　中	提供各种折中的方案，供双方选择，使双方各退一步，各让一部分利益，以结束冲突
调　解	HR 以第三方身份，根据事实、利益、法律依据或企业规章等多种因素，对双方的情况进行分析与撮合，提供合理的建议，安抚双方的不满情绪
仲　裁	在调解无效的情况下，由高位的管理者进行仲裁，使冲突双方达成一致

1.2.4 克服职场综合征

职场人士长期处于高压的工作状态中，无论生理还是心理都会吃不消，加之长期积攒不良情绪，难免会出现一些负面的心理反应或是心理疾病，导致对工作不上心，甚至影响到生活，出现失眠等健康问题，同时还会产生多种职场综合征。主要有如下一些：

星期一综合征。周末结束后，职场人士在周一重新投入工作时，容易出现周身酸痛、萎靡不振和工作效率低下等不适应现象。脑力劳动者在大脑松弛后，更难以在短时间内集中精神，但往往周一工作最为繁重，很多事项亟待开展和解决，这会使人感到更大的压力。

电脑综合征。上班族成天面对电脑，长时间专注于电脑屏幕并保持同样姿势，难免引发头痛、腰痛、颈肩酸痛、眼疲劳和精神萎靡等健康问题。轻者眼花缭乱，看不清电脑屏幕的图像文字，重者有想呕吐的感觉。

熬夜综合征。很多职场人士白天工作压力大，下班后便想通过各种娱乐活动放松自己，喝酒、唱KTV、看电影、聚餐或是玩手机，导致晚睡甚至熬夜，又或者在企业加班，难以保证充足的睡眠。长此以往，人体神经系统、内分泌系统紊乱，可能会出现神经衰弱、食欲不振、失眠等症状。

时间综合征。由于部分职场人士工作量巨大，所以对时间过于关注，从而产生强烈的情绪波动、生理变化等。很多职场人士都感到时间越来越不够用，并为此感到焦躁不安、紧张过度，引发心率加快、血压升高、呼吸急促等症状。

光源综合征。职场人士长时间在过于明亮的办公室或面对过亮的电脑屏幕，容易造成视神经疲劳。再者，荧光灯发出的强烈光波会扰乱生物钟，造成心律失调、精神不振，有些人因缺乏必要的阳光照射，身体也会缺钙。

夜餐综合征。夜晚胃肠道对食物消化吸收能力较强，因而晚上进食过多，容易造成肥胖、失眠、记忆力衰退和晨起不思饮食等症状，但很多职场人士下班聚餐，往往会大吃特吃。

盒饭综合征。由于工作生活节奏的加快，许多职场人士越来越多地依赖盒饭，营养不均衡又重调味品的餐食会给健康带来隐患。经常食用盒饭容易出现上火、咽痛、口腔溃疡、牙痛、腹胀、便秘等症状。而不干净的饮食，还容易引发食物中毒。

各种各样的职场综合征，对企业员工和HR自身都有不小的影响，HR自身要学会克服职场综合征，合理安排工作，具体可以从如下五方面着手：

①用人单位应严格按照《中华人民共和国劳动法》实行八小时工作制和双休制，让员工有足够的休息时间，可以舒缓疲劳，养足精神。

②对于企业内部环境的打造应以舒适为主，后勤部或综合部要注意采购光线柔和的灯具，避免给员工眼睛带来刺激，加剧员工眼部疲劳和近视。

③懂得劳逸结合，在工作时设置休息时间，5分钟、10分钟都可以，短短几分钟的放松可以换来更充沛的精力。长时间坐在电脑前的人员，可每隔1~2小时起来走动一下，活动身体，也能有效缓解压力和疲劳。

④HR可向企业建议，在企业内部为员工提供一些活动场所，如篮球场、乒乓球室、瑜伽室、羽毛球场、茶水间，让员工有锻炼和放松的场地，变相鼓励员工运动，这样能客观改善员工身体状况，进而提高员工心理承受能力。

⑤企业若设有食堂，可设置营养均衡的菜谱，搭配好荤素，提高员工身体素质和免疫力，这样能让员工更好地开展工作。

1.3　企业文化影响员工心理

企业文化，或称组织文化，是由企业或组织的价值观、信念、仪式、符号、处事方式等组成的特有的文化形象，同时也是一种管理文化，包括企业愿景、文化观念、价值观念、企业精神、道德规范、行为准则、历史传统、企业制度、文化环境、企业产品等，其中价值观是企业文化的核心。企业文化能够影响和规范员工的行为，并让员工对企业产生归属感。

1.3.1　建立企业文化的必要性

企业文化是企业的灵魂，它包含着非常丰富的内容，大致可划分为五项要素。

整体环境。企业的整体环境由企业性质、经营方向、外部环境、社会形象、公关等构成，是企业的整体形象，能够吸引对此"环境"认可的人才。

价值观。企业内要形成统一的价值观，作为行事标准和辨别是非对错的依据，企业内部员工必须认可企业价值观，依照价值观对不同事件或行为进行分辨，并以此来决定自己的行为。

领导者形象。将企业文化通过领导者形象展示出来是更为具象的，能将企业文化人格化，这样为其他员工提供了一个"活榜样"，领导者的魅力能让员工更易接受企业文化。

文化活动。企业文化还可通过各种活动来展示，如餐会、文娱活动等，可不知不觉地宣传企业文化，方便员工用简单的方式理解企业文化，潜移默化地影响员工。

文化网络。在企业内部以广播、报刊、画册等方式来传播企业故事、企业杂谈或是企业员工事迹，能将企业文化信息融于其中，使其成为企业文化的一部分。

企业文化的存在对于企业有哪些重要作用呢？见表1-3。

表1-3 企业文化的重要作用

作 用	具体介绍
引 导	企业文化对全体员工的引导作用体现在价值观和工作目标引导两方面，员工按照价值取向从事生产经营活动，管理层按照价值取向提出发展战略
约 束	在企业文化的基础上完善管理制度，约束员工的行为。企业制度是企业文化的内容之一，是员工必须遵守和执行的
团 结	对企业文化的认同能让员工更加团结，将企业看作一个整体，朝着同一个目标前进。企业可编制一些简短上口的口号，传递企业文化信息，让员工更直接地接受企业文化的影响，团结一致
激 励	企业的文化建设在对外界社会产生影响时，企业员工也会倍感自豪，同时员工也会为了维护企业的荣誉和形象努力提升自己
协 调	对于企业内部产生的矛盾，企业文化能够给出解决方向，员工也会依照企业文化的有关准则自觉规避冲突，对企业整体来说有明显的协调作用
辐 射	企业文化无论在内部还是对外，都能产生辐射效果，影响企业形象、效益、舆论评价和美誉度，优秀的企业文化是帮助企业发展的一大助力

企业文化对企业发展具有重要作用，其意义不言而喻，因此HR不可忽视企业文化的重要性。

1.3.2 企业文化对员工内心的影响

企业文化能够以最直接的方式影响员工的内心，进而影响员工的工作行为。其对员工内心的影响主要表现在以下五方面。

①企业文化能激发员工的使命感。这让员工意识到企业的发展目标同样是员工努力的方向，自己应该为了企业与自身发展而努力。

②企业文化能让员工产生归属感。要让员工在劳动关系上与企业更紧密地结合，更主动地融入企业。企业文化可以以价值观的形式进行传递，对此价值观认同的员工自然会对企业产生归属感。

③企业文化能加强员工的责任感。企业可将责任感意识以企业文化为载体，在企业内部进行传播，让员工意识到责任感的重要性。

④企业文化能带给员工荣誉感。当企业文化和形象受到外界赞赏时，员工更以身为企业一部分为荣。有了荣誉感，员工自然会努力工作，注意自己的言行举止，也便于企业更好地管理员工。

⑤企业文化能带给员工成就感。当员工认同自己为企业的一分子后，企业的发展就与员工的努力息息相关，这样当企业达到一定高度，员工也会自然产生成就感，之后会更积极努力地进取，以期获得更大的成就感。

1.3.3　对员工输出企业价值观

为了让员工更好地了解企业文化，HR 应该在招聘和员工入职时，向其传递企业文化和核心价值观。另外，在各种员工沟通环节也不能忘记企业文化的输出，如培训、绩效考核、会议等环节。企业文化的输出方式主要有以下七种：

①在企业年会、工作研讨会、部门例会等会议内容中加上企业文化信息，让员工明白企业文化与企业目标、企业经营紧密相连。

②直接展示企业文化，如将企业口号或是最能代表企业文化的话语张贴在企业的显眼处，印刷于制度文件、公文、员工手册上，注意对企业文化的归纳应朗朗上口，便于记忆。

③提供标准的行为规范，让企业文化融于各工作环节，对员工行事不妥之处及时指出。

④将企业文化与企业形象融合在一起，塑造出具有独特核心价值观的形象。

⑤企业高层和 HR 应该在各工作场合做出表率，展示企业的正面形象。

⑥定期组织文娱活动，将企业价值观融入活动中，增强企业凝聚力、体现人文关怀。

⑦规范管理，强化制度文化建设，将企业文化直接表达并在潜移默化中推行实施。

无论利用何种方式输出文化，HR 要知道"宣传"与"心理强化"才是核心，利用一些常见的宣传手段，如电台广播、板报、报刊栏、企业内网和官网等，在显眼处展示企业文化信息。

而小组会议、入职培训活动、团队建设、文娱活动和规章制度等都属于心理强化的一种手段。HR 可通过各种组织活动和制度鼓励与企业价值观相符的行为，奖惩分明，强化认同感，或是利用从众心理，让员工融入团队。

第2章 招聘新员工从内心入手

HR 为企业招聘员工，必须要知道员工的真实能力，以及其能力是否与工作岗位匹配。但是求职者往往会隐藏自己的缺点，夸大自己的优点，HR 应该具备一定的识别能力，从蛛丝马迹中看到员工真实的一面，并且保持客观，才能招聘到优秀的人才。

2.1 玩转招聘心理游戏

企业内部缺乏人力资源，HR 便需要开展招聘工作，选拔人才。为了招聘到有工作能力，且适合企业岗位的优秀人才，HR 不仅要对求职者的工作能力和心理素质有所把握，还要试图洞悉其心理活动及兴趣点，这样选出的求职者才能为企业所用，可以省去后续很多麻烦，有效降低培训成本和离职率。

2.1.1 招聘启事要打动人心

实例分析 HR 对职位描述不准确

为了企业发展和获得不一样的创造视角，某互联网企业急需一名业务经理，但 HR 发布招聘启事后却迟迟没有应征人选。CEO（首席执行官）在浏览企业招聘启事时，看到业务经理的职位描述，有一条写着：有五年以上互联网产品经验，具有日活千万量级以上的产品规划和产品迭代实施经验。

CEO 对负责的 HR 进行了严厉批评，指出其所犯错误，即 HR 对职位的描述不准确，完全不知道"日活千万量级以上的产品规划"对求职者来说意味着什么。这样的岗位要求，别说经验丰富的业务经理，就连行业顶尖人才也不一定能胜任。

本案例招聘失败的结果归根结底是 HR 对业务常识的错误认识，以及对行业人才的不了解，想当然地夸大职位要求，以求优秀人才，结果却相去甚远。因此，要想找到合适的人才，HR 一定要清楚岗位的职责要求及求职者的心理，要求定得过高只会让求职者退避三舍。

对很多求职者来说，只要能够达到岗位要求，即使对企业不甚了解也会愿意投出简历，再在后续环节对比、选择不同企业。因此，HR 在制作招聘启事时一定要遵守一个原则——合理。

合理是建立在足够了解的基础上，HR 要对企业各部门岗位有全面的了解，知道不同部门及岗位的重要意义和基本职责。最好是制作岗位说明书，装订成册，在人事工作中也方便使用、参考。

涉及具体的招聘活动时，HR 一定要积极与用人部门联系，编制招聘启事内容时，应询问该部门意见，以该部门的要求为准则，发布招聘启事前，最好请用人部门确认或修改。

为了制作出让求职者"心动"的招聘启事，HR 可从四个方面入手。

（1）内容描述

不同企业其编制的招聘启事内容各不相同，一般来说，招聘启事有六项内容——岗位名称、职位描述、岗位要求、薪资待遇、联系方式和企业简介。当然这些内容可根据实际情况进行添减，HR 只要将最核心的内容展示给求职者便可，招聘启事的定位越清楚，就越有可能筛选到想要的人才。

对于招聘启事的六大内容，该如何编写呢？HR 需要注意表 2-1 中的要点。

表 2-1　招聘启事内容的编写要点

招聘启事内容	编写要点
岗位名称	①简洁。 ②符合市场通用说法。 ③岗位划分具体、准确，如"新媒体运营"和"短视频运营"，后者指向更明确，前者稍显笼统
职位描述	①语言精练，富有条理，一般是罗列出几条。 ②定位明确，突出关键信息。注意招聘启事不是岗位说明书，不需要全面具体，而是要有重点

续上表

招聘启事内容	编写要点
岗位要求	①逐一罗列，一目了然，条理清晰的内容更易于求职者理解。 ②普适性，岗位要求比较普遍地适用于同行业要求或市场定位，过高的要求往往会脱离实际，让人才望而却步
薪资待遇	①真实，不能为了吸引人才而刻意给出过高薪资，之后又无法兑现。 ②符合市场规律，或是稍微高于市场平均水平，不过要结合企业的用工成本综合考量
联系方式	联系方式和信息要做到准确无误，以免接收不到求职者的投递信息，联系方式一般包括电话、地址和邮箱
企业简介	该部分可有可无，以简洁为主，突出企业关键信息，如规模、经营方向、工作环境等

除了以上的编写要点，HR 还应在内容中凸显企业优势。要知道招聘不仅仅是企业单方面向求职者提出要求，求职者也在审视企业给出的待遇条件是否满足个人需求。

HR 要明白求职者的真实需要，除了可以展示优厚的薪酬待遇外，还可展示企业的各种福利、晋升条件和硬件优势等。很多招聘启事都不会给出固定薪酬，而是给出区间薪酬，让求职者看到更高的薪酬目标，更能打动求职者，如图 2-1 所示。

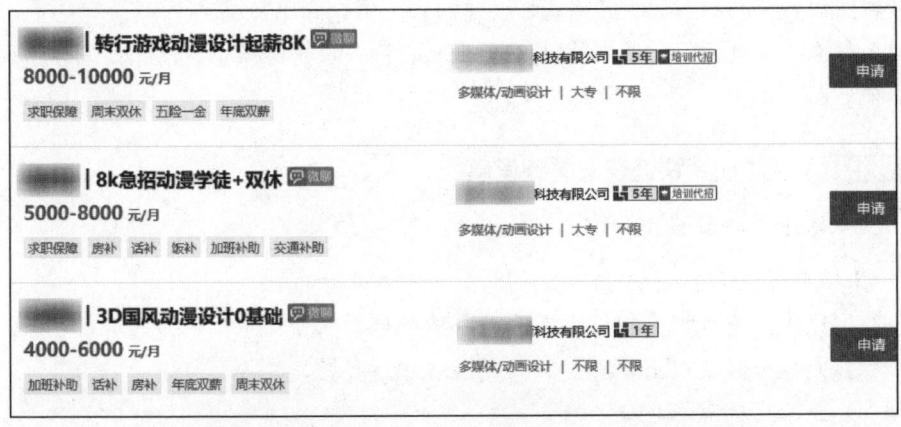

图 2-1　招聘启事的薪酬展示

当然，可以看到有的招聘启事会书写"价格面议"，若非特殊情况，不建议这样表达，没有具体的薪资数字，对求职者的吸引力会大大降低，一般只有在招聘管理层或以年薪计时才这样书写。

为了提高招聘启事的吸引力，HR 还可从其他福利入手，包括社保、公积金、周末双休、带薪年假、节日福利、定期体检、年底双薪、包住、绩效奖金、包吃、交通补助、项目奖金、员工旅游、采暖补贴、高温补贴等。福利越多，越能在求职市场中吸引到求职者。

（2）用语风格

岗位定位不同，求职者属性不同，招聘启事的语言风格也该有所变化，采用与对应求职者相近的语言风格，能更加贴近求职者的内心。

①高级管理人才，用语应该严谨、精练，可使用专业术语，契合高端人才的阅读习惯和工作阅历。

②普通员工，用语应该直白易懂。

③应届生，可使用一些网络用语，凸显年轻化。

招聘启事的语言风格应灵活多变，不是呆板照搬、统一格式，就像有的招聘以宣传为主，所以会设计精美的招聘海报，简单提及招聘信息；在招聘网站中则多以固定格式书写内容，文字信息才是主体。

（3）版面格式

HR 发布招聘启事与求职者投递简历所面对的情况一样，都有可能在海量的信息中石沉大海。为了在大量信息中脱颖而出，让特定对象仔细阅读，HR 要好好设计招聘启事的版面格式，使之一目了然、简单易读。

那么，该如何设计版面格式才能让求职者一眼获得核心信息呢？来看下面案例。

实例分析　让求职者快速获取关键信息

多媒体 / 动画设计

【岗位要求】

1. 以客户为一切工作的出发点，喜欢挑战与竞争。
2. 大学专科及以上学历，××专业者优先。
3. 熟练操作办公软件。
4. 愿意尝试新事物，敢于接受挑战。

5. 想在动漫行业继续发展的年轻人。

【薪资福利】

1. 月薪××~××元，年终奖丰厚。

2. 丰富的晋升空间。

3. 高于同行业标准的福利待遇。

【联系方式】

1. 简历投递截止时间为××月××日。

2. 投递邮箱：××@×××.com

上例所示有效划分了招聘信息，并单独一行展示小标题，求职者获取关键信息非常方便。比起段落式的连贯书写，这样的格式更有可取之处，这也是很多招聘启事惯用的格式。

（4）整体设计

网络信息时代，招聘启事发布渠道增加，微博、微信公众号、知乎、招聘网站等都能发布招聘启事。为了吸引人才，很多企业，尤其是注重内容创作的企业，会设计与众不同的招聘海报，代替单调的文字版招聘启事。当然，招聘海报的设计各式各样，有漫画风格的、有简约风格的、有商务风格的……

企业应根据企业文化定位，设计统一风格的招聘海报，如招聘海报的主体色应选择企业主题色，海报图案应以企业故事或岗位特色为灵感，可将企业logo、吉祥物、代表颜色融入设计中，进一步凸显企业文化和企业形象，区别于其他招聘启事。

不过HR要明白，招聘的核心还是信息的传递，设计风格只是一种吸引手段。

2.1.2　从简历中看出员工未表述的内容

简历是求职者对个人学历、经历、特长、爱好及其他有关情况所作的简明扼要的书面介绍，是HR有效获取求职者各项信息的载体。HR在查看简历时，不能仅仅着眼于纸面信息，还要"听"到求职者心中没有说出的话。

求职者应聘时自然要想方设法展示自己的优点，隐藏对自己不利的信息。HR若不能认识到求职者的这层心理，便看不到更深一层的信息，也不能识别简历的虚假信息，导致用工风险增加。

下面通过表2-2所示的简历，来了解求职者王某隐藏于其中的信息。

表 2-2　简历示例

基本信息				
姓　　名	王×	性　　别	男	
期望薪资	6 000元	住　　址	城东××区	
学　　历	本科	专　　业	计算机	
毕业院校	××学院	联系电话	××××××	
婚姻状况	未婚	证　　件	初级会计师资格证	
工作经历				
起止时间	工作单位	职　　务	工作内容	
2011—2013年	××会计师事务所	办公室文员	—	
2013—2014年	××公司	出　　纳	—	
2014—2016年	××公司	财务会计	—	
2016—2019年	××连锁装饰公司	管理会计	—	
2022—202×年	××公司	会　　计	—	
特　　长				
爱好棒球、乒乓球，熟练运用Office软件				

该份简历对王某的基本信息、工作经历及个人特长都进行了介绍，是一份常规且详尽的求职简历，那么，其中隐含了哪些关键点呢？

①在简历中看不到"求职意向"的有关信息，且由于简历通常是反复投递，可见王某没有主动进行职业规划，对于具体从事哪一行业并不确定，因而不会仔细了解求职公司，投递简历方式也是"广撒网"。

②王某所学专业为计算机，但从事的职业并没有利用其专业能力，可见其大学专业能力一般，并不能学以致用，要么是学习能力不够，要么是对所学专业没有兴趣，因此从事非专业行当。

③毕业后，王某先后进入五家公司工作，第一份岗位是办公室文员，而后面的工作都与财务有关，应该是在工作之后再次学习，习得了其他职业技能，可见其不满于现状，具有上进心。

④第二份工作是出纳，第三份工作是财务会计，再到管理会计，其职务不

断晋升，可见能力与经验都在增强。

⑤从 2011 年到 2019 年，这八年间，王某跳槽三次，不算频繁，由此得知其人性格沉稳，且有规划与要求。

⑥不过，王某只有初级会计师资格证，没有取得中级会计师资格证，所以专业能力在行业内不算顶尖。

⑦王某在 2019 年到 2022 年有三年的职业空白期，可推测是其私人生活发生了变故，进而影响求职。HR 若有意面试，应对该部分进行询问，了解职业空白期究竟是怎么回事，再进入下一个招聘环节。

⑧2022 年王某重新工作，说明其工作能力还在，但是没有明显的提升，所以还在原地踏步。

⑨除了会计资格证，王某不具备其他的技能，个人特长也不突出，可见其学习能力普通，但经验还算丰富。

从上面的简历分析，HR 最终可得出王某工作经验丰富，专业能力居于中等水平，可胜任普通的会计岗位，至于财务经理等管理岗位可能还不够资格。鉴于其工作将近十年，HR 需要重点了解其目前的职业规划和工作状态，看其是否有进一步提升自己的想法，以及是否有清晰的职业规划路线。

另外，不合格的简历往往会暴露一些问题，HR 应保持敏感，善于发现这些问题并果断淘汰，如图 2-2 所示。

```
┌─────────────────────────────────────┐
│ 直接借用网上的简历模板，自我介绍更是千篇一律，可见求 │
│ 职者敷衍了事，没有用心                    │
└─────────────────────────────────────┘

┌─────────────────────────────────────┐
│ 所学专业及过往工作经验与求职岗位差异过大，没有相匹配 │
│ 的专业技能                              │
└─────────────────────────────────────┘

┌─────────────────────────────────────┐
│ 频繁跳槽或涉及行业多变，可见求职者心性不稳，没有目标 │
└─────────────────────────────────────┘

┌─────────────────────────────────────┐
│ 简历中有很多错别字，足见求职者粗心大意、态度不端    │
└─────────────────────────────────────┘
```

图 2-2　简历中常见的问题

相关数据显示，很多的求职简历存在一定程度上的美化，可见求职者普遍希望展现自己最好的一面。HR 不必苛求简历百分百真实，只要关键信息是可靠的，简历就有价值。对于简历中出现的不合常理或有所矛盾的地方，HR 做好记录后可在面试中进行提问。

2.1.3　面试偏见要规避

无论多么专业的 HR，都有自己的情感和弱点，容易受到主观判断和偏见的影响，错失优秀人才。HR 应抱着谦虚学习的态度，正视自己的不足，了解偏见的产生，尽量在面试过程中避免偏见，采取更多有效的措施提高面试的客观性，做出更佳的面试评估，选出能够胜任岗位的优秀人才。

导致 HR 产生偏见的因素大致可分为以下三种：

①证实偏差：当人确立了某一个信念或观念时，在收集信息和分析信息的过程中，就会寻找支持这个观念的依据。即他们会很容易接受并支持这个观念的信息，有时还会排斥与他们看法相左的观点。HR 在对求职者简历有初步看法后，容易在面试中延续这种看法，且不容易改变。

②情感偏差：人们根据自己的经验、直觉和本能对某些不确定事件进行判断与决策时，可能产生情感偏差。如有的 HR 认为男性更适合理性分析，女性更适合沟通交流，这就是典型的性别刻板印象带来的偏见，最终可能导致错失真正优秀的人才，进而影响企业效益。除了性别歧视，求职者的种族、籍贯、外表都会令 HR 出现情感偏差。

③相似偏差：人总是对与自己相似的人倍感亲切，如同乡、校友、爱好相同的人，若 HR 在面试中遇到毕业于同一学校的校友，难免增加印象分，与其他求职者相比，更倾向于此人，但可能就此错过比他更适合的人才。

对于这些无法避免的偏见，HR 能够采取哪些方法减少呢？

有针对性地提问。整理好每位面试者的简历，以及对简历的疑问，方便在面试中提出有用的问题。

优化评估流程。如何评估求职者，选择何人评估求职者，如何设计评估流程……这些都对面试环节的客观程度有影响，HR 应与部门人员仔细商议，进行结构化面试。

拓展贴士　结构化面试是什么

结构化面试（structured interviewing）是根据特定职位的胜任特征要求，遵循固定的程序，采用专门的题库、评价标准和评价方法，通过面试官小组与求职者面对面的言语交流等方式，评价求职者是否符合招聘岗位要求的人才测评方法。结构化面试有标准化和结构化的特点，具体表现在：

①根据工作分析设计面试问题。

②对所有的求职者采取相同的测试流程，且面试题目对报考相同职位的所有应考者应该相同。
③面试评价有规范的、可操作的评价标准。
④面试官的组成结构应该科学，至少有两人，通常有5～7名。

延迟决策。HR不要在面试当下便做决策，而应选择用笔记录面试者的不同特点、优点或缺点，之后再逐一对比，结合其他面试官的意见，做出面试决定。

忌讳情绪用词。HR在面试过程中应尽量避免使用情绪化的用词，以及带有主观色彩的用词，如"我觉得""我认为"等，具有很明显的个人主观情感色彩。

硬性要求。对于求职者是否过关，HR可以设置一些硬性要求，如学历、英语等级、证书、工作经验年份等，这样可以客观筛选掉一些不符合要求的求职者。

2.1.4 心理契约与劳动合同缺一不可

实例分析 HR拔高了求职者的心理期待

某公司是业内颇具知名度的建筑设计公司，公司规模不小，而且还在不断扩张，为了满足公司所需的人力资源，人事部门于2024年秋季招聘了六名新人，但到年底，不过几个月时间，有一半新员工递上了辞呈。虽然员工离职是很正常的事，但这显然不是一般的人事变动。

原因是2024年秋季展开招聘工作时，HR打算用高薪待遇引起求职者注意，于是在招聘启事中给出了"10 000元/月"的高薪，在一众招聘启事中脱颖而出，很多业内优秀设计师都向该公司投递了简历。

HR收到足够多的投递简历，自然减轻了招聘压力，却不知为后续的环节埋下了隐患。经过面试，HR从中选出了更符合企业要求的设计师，在录用之时告知对方有三个月的试用期，且试用期工资仅5 000元/月。被录用的新人心中虽有不快，但也接受了，但是到了正式转正之时，工资仍没有达到10 000元/月，仅拿到8 000元/月。对此，HR给出的解释是，依据本公司规定，新人入职满半年才能拿到10 000元/月，安慰员工不必急于一时。

结果，陆陆续续便有员工提出离职。

在此次招聘活动中，HR 为了吸引求职者，故意拔高其心理期待，在正式录用后又不能满足对方的心理期待。对于员工来说，建立了较高的心理期待，又马上打破，心理落差可见一斑。即便双方签订了纸质的劳动合同，在没有建立心理契约的情况下，劳动关系仍不稳定，随时有可能破裂。

因此，HR 要想留住优秀人才，不能仅仅着眼于劳动合同的签订，以为签订劳动合同后就万无一失。若 HR 认识不到心理契约的重要性，将难以让员工真正融入企业，认可自己是企业的一分子。

心理契约是著名组织心理学家克里斯·阿吉里斯教授提出的一个名词，他认为心理契约是组织和成员之间的一系列无形、内隐、不能书面化的期望，其核心是员工满意度。一般而言，心理契约包含以下七个方面的期望：

①良好的工作环境。
②任务与职业取向的吻合。
③安全与归属感。
④报酬。
⑤价值认同。
⑥培训与发展的机会。
⑦晋升。

这七个心理期望是员工内心对企业抱有的基本期望，当然，企业不需要满足员工所有的心理期望，其实在实际招聘中，能满足一两项，就足够吸引求职者了。

HR 要做好心理契约管理，就一定要建立员工"工作满意度"，而建立工作满意度需要经历三个阶段，并不断循环，见表2-3。

表2-3 建立工作满意度的三个阶段

阶 段	具体介绍
建立阶段	在查看求职者简历时，HR 就要对其基本期望进行记录，若简历中没有写明，也要在面试时问明了。了解对方的期望后，告知其企业及部门的现状，以及未来几年内的发展状况，供对方参考，不至于入职后才发现与自己期待的不同，产生不满。在双方没有信息差后，HR 可帮助员工建立合理的心理预期，这样员工工作会更有动力
调整阶段	员工的心理契约并不是一成不变的，当现实情况与预想的不同时，就会产生偏差。HR 需要及时对员工的心理期望进行调整，就各种变化与员工沟通，如企业发生重大变故，员工不能如期升职，或是需要降薪等情形，这些情况会对员工的心理造成很大影响，降低员工工作积极性。HR 的及时干预，能降低员工的心理负担，同时建立新的"心理契约"

续上表

阶 段	具体介绍
实现阶段	HR 应该及时考察员工心理契约的实现进度，如工作环境是否达到预期或变得更好？入职培训是否有价值？职务有所晋升吗？薪水是否提高？哪些期望已经实现，实现的原因是什么？尚未实现的期望有哪些，原因又是什么，与企业是否有关？HR 可通过定期测试员工满意度来了解内心活动

心理契约是员工基于与组织的关系，以承诺和感知为基础，形成的关于责任和义务的信念。HR 可利用企业文化和激励措施帮助员工建立心理契约，如图 2-3 所示。

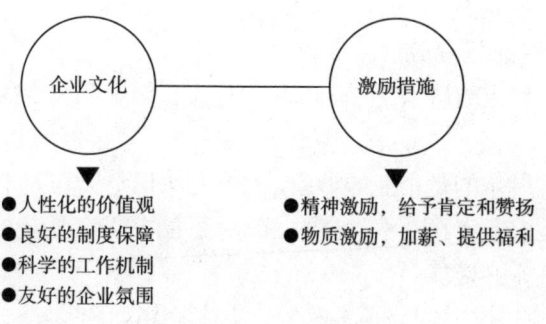

图 2-3　建立员工心理契约

2.2　运用好面试辅助工具

为了对前来应聘的求职者有更加清楚的认识，HR 可利用一些辅助工具，让求职者放松心态，自然袒露自己的心声。

2.2.1　面试环境影响心理状态

实例分析　环境让求职者心情放松

张某是一名采购专员，由于在业内有多年的工作经验，且积累了些供货渠道，因此便想跳槽到更大的企业，谋求更好的发展。于是，张某从原企业离职，向某大型生产厂家投递了简历。

面试当天，张某到该大型生产厂面试，进入面试场地，看到整洁雅致的办公楼，等候厅宽敞明亮，提供了座椅、饮用水，冷气十足。在炎热的夏天置身于这样的环境，张某焦躁的心情瞬间缓和了许多。

之后进入面试专用的会议室，HR 十分有礼地请她坐下，张某一看会议室的陈设简单自然，搭配绿植，一下放松了许多。HR 向张某提问时语气平和，且认真倾听张某的回答，不时做好记录。整个面试过程中，张某注意力集中，认真回答问题，表现出色，最终获得了 HR 的认可。

以上案例能够给 HR 一些启示，即让求职者放松心情，表现会更加自然，更有助于 HR 招聘到真正有实力的员工。其实，在面试中感到紧张是所有求职者共有的心理，HR 一定要重视这一点，在策划招聘活动时，不仅要思考如何评估求职者，还要想办法缓解对方的紧张心理。而面试环境如何布置对求职者是有影响的，如下所述：

①杂乱的环境很容易分散注意力。

②环境会影响人的情绪，整洁的环境让人心绪平和，杂乱的环境让人心情烦躁，不够冷静。

③面试环境展示的是企业的形象，HR 要想招到优秀人才，就要给对方留下好印象。若是求职者看到不讲究的环境，可能求职意愿会大大降低，最后敷衍了事，不拿出真正实力。

HR 在选择和布置面试场所的时候，应该考虑以下七点：

①一般选择非公开场所进行面试，保证面试不被打扰，可在面试办公室或会议室门口放置"面试中，请勿打扰"的指示牌。

②面试场所隔音要好，安静的环境能让求职者沉下心思考，也不会有突然的响动打乱面试流程。

③一般不选择色彩强烈的环境用于面试，过于强烈的颜色容易让人感到不舒服，有心理压力。

④求职者需要的纸笔、白板或其他物件，HR 要准备齐全。

⑤依据岗位职级的高低，安排相符的面试场所。面试管理层可选择环境高档的咖啡厅或企业接待室；面试普通员工一般在会议室或人事部门办公室即可。

⑥面试场所应宽敞、明亮、整洁，不要让面试者坐在逼仄的角落里回答问题。

⑦面试过程中，HR 要将手机调至静音，这是基本的礼貌与尊重。

2.2.2 心理测评让你更了解员工

心理测评是一种比较先进的测试方法,可通过一系列手段,将人的某些心理特征数量化,来衡量个体心理因素水平和个体心理差异,常见的有心理健康测试、个性倾向测试、人格测试等,一般采用设计符合信效度的问卷方式进行。常见的心理测评如下所述:

(1)霍兰德职业兴趣测试

霍兰德职业兴趣测试由职业指导专家约翰·霍兰德根据其大量的职业咨询经验及其职业类型理论编制。他认为个人职业兴趣特性与职业之间应有一种内在的对应关系。

根据兴趣的不同,可将人格分为研究型(I)、艺术型(A)、社会型(S)、企业型(E)、传统型(C)、现实型(R)六个维度,每个人的性格都是这六个维度的不同程度组合。

(2)MBTI 职业性格测试

MBTI 职业性格测试是由作家伊莎贝尔·布里格斯·迈尔斯和她的母亲凯瑟琳·库克·布里格斯共同制定的一种人格类型理论模型,又称为迈尔斯-布里格斯类型指标。这个指标以心理学家荣格划分的八种类型为基础,加以扩展,形成四个维度,见表2-4。

表2-4 迈尔斯-布里格斯类型指标的四个维度

维 度	类型 I	相对应类型英文及缩写	类型 II	相对应类型英文及缩写
注意力方向(精力来源)	外倾	E(extrovert)	内倾	I(introvert)
认知方式(如何搜集信息)	实感	S(sensing)	直觉	N(intuition)
判断方式(如何做决定)	思考	T(thinking)	情感	F(feeling)
生活方式(如何应对外部世界)	判断	J(judgment)	理解	P(perceiving)

四个维度如同四把标尺,每个人的性格都会落在标尺的某个点上,偏向哪个端点,就意味着个体有哪方面的偏好。如在第一维度上,个体的性格靠近外倾这一端,就更外向,而且越接近端点,偏好越强。不同偏好下具体的人格类型见表2-5。

表 2-5　人格类型

代码	名称	代码	名称	代码	名称	代码	名称
ISTJ	物流师型人格	ISFJ	守卫者型人格	INFJ	提倡者型人格	INTJ	建筑师型人格
ISTP	鉴赏家型人格	ISFP	探险家型人格	INFP	调停者型人格	INTP	逻辑学家型人格
ESTP	企业家型人格	ESFP	表演者型人格	ENFP	竞选者型人格	ENTP	辩论家型人格
ESTJ	总经理型人格	ESFJ	执政官型人格	ENFJ	主人公型人格	ENTJ	指挥官型人格

（3）大五人格测试

大五人格测试是心理学界公认的人格特质模型，包括人格的五个基本维度：

开放性。该维度强调想象力和洞察力，开放性高的人有情感丰富、兴趣广泛、好奇心强、喜欢冒险、创新等特质；开放性低的人较为传统，墨守成规。

责任心。该维度强调自律和条理，责任心高的人做事有条理有计划，具备尽职、谨慎、克制等特点；责任心低的人组织性差，容易拖延。

外向性。该维度强调交际与自信，高外向性的人善于交际、健谈、乐观、精力充沛；低外向性的人一般性格内向，不善社交，喜欢独处。外向性可通过人际交往的卷入水平和活力水平来测试。

宜人性。该维度强调信任和利他，高宜人性的人易于合作、乐于助人、感性；低宜人性的人看中自己的利益、多疑、竞争性强。

神经质。该维度强调情绪，高神经质的人往往喜怒无常，情绪不稳定，容易经历更多的情绪波动，如焦虑、脆弱、怒气、悲伤；低神经质的人往往情绪更稳定，烦恼较少。

（4）九型人格测试

九型人格测试属于一种自我测试，主要用于帮助测试者有效地掌握个人的行为习惯。测试中所回答的问题答案没有好与坏之分、没有正确与错误之别，仅反映测试者的个性和世界观，HR 可利用该测试了解求职者的优势和弱点。九种人格类型分别如下：

① 1 号人格（完美主义者）：内心有一套标准并严格要求自己，善于反思

和自责。

② 2号人格（给予者）：需要得到他人支持，不愿被他人反对，在乎自己的重要性。

③ 3号人格（实干者）：乐于竞争，看重自己的表现和成就，做事高效。

④ 4号人格（悲情浪漫者）：为人较理想化，羡慕并美化别人拥有的东西，被遥不可及的事物深深吸引。

⑤ 5号人格（观察者）：保持不被涉及的状态，不愿被牵涉，遇事首先保护自己。

⑥ 6号人格（怀疑论者）：行动迟缓，喜欢拖延，工作难以善始善终。

⑦ 7号人格（享乐主义者）：对很多事情都感兴趣，容易兴奋。

⑧ 8号人格（领导者）：有控制欲和进攻性，同时也有正义感，喜欢保护他人。

⑨ 9号人格（调停者）：为人较犹豫，往往最后一刻才作出决定，难以明白自己真实的需要。

（5）艾森克人格测试

艾森克人格测试是由心理学家汉斯·艾森克编制的一种自陈量表，有成人问卷和儿童问卷两种格式，包括四个分量表：内外倾向量表（E）、情绪性量表（N）、心理变态量表（P）和效度量表（L）。各量表的具体含义见表2-6。

表2-6 各量表含义

量　　表	具体含义
E	分数高表示人格外向，喜好交际、渴望刺激和冒险，情感易冲动。 分数低表示人格内向，沉静内省，表现缄默冷淡，不喜欢刺激，生活有秩序，情绪较稳定
N	分数高的人一般焦虑、忧心忡忡，情绪强烈，容易不理智
P	分数高的人较孤独、冷淡、迟钝，适应性差，喜欢挑事，追求刺激
L	主要测试被测者的掩饰、假托或自身隐蔽的倾向，或者测试其社会性朴实幼稚的程度

（6）DISC个性测验

DISC个性测验是国外企业广泛应用的一种人格测验，用于测查、评估和帮助人们改善其行为方式、人际关系、工作绩效、团队合作、领导风格等。

DISC 个性测验由 24 组描述个性特质的形容词构成，每组包含四个形容词，这些形容词是根据支配性（D）、影响性（I）、服从性（C）、稳定性（S）这四个测量维度，以及一些干扰维度来选择的，要求被试者从中选择一个最适合自己和最不适合自己的形容词。测验大约需要十分钟。图 2-4 所示为测试题选项示例。

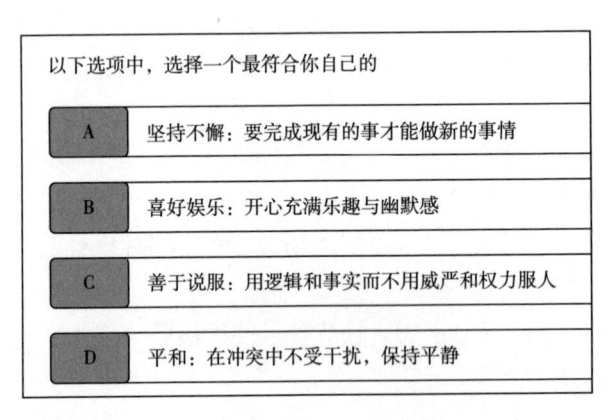

以下选项中，选择一个最符合你自己的
A 坚持不懈：要完成现有的事才能做新的事情
B 喜好娱乐：开心充满乐趣与幽默感
C 善于说服：用逻辑和事实而不用威严和权力服人
D 平和：在冲突中不受干扰，保持平静

图 2-4 测试题选项

利用各种心理测评，HR 更能了解求职者的性格及能力，比起求职者的一面之词更加客观准确。

2.2.3 从动作服饰观察求职者内心

求职者在面试的时候处于高度紧张的状态，这种时候，求职者的心理防御机制自动打开，很多内心真实的想法都不会告知 HR。若 HR 想了解清楚求职者的心理，可以从其动作和服饰进行全方位观察，以细节捕捉求职者的内心。

（1）动作

求职者在不同的心理状况下会有对应的动作，下面来认识一些动作背后隐藏的心理状况。

①双手交叉于胸前：说明求职者处于对抗、防备的心理状态，或是在内心表示否定。

②各种小动作不断：说明求职者此时较为紧张、不安，HR 可先出言安抚，使其平静下来。

③身体前倾：说明求职者此时注意力集中，对交谈抱着认真的态度，或对此话题很感兴趣。

④回避目光接触：说明求职者可能较为内向，不擅长与人直接交流，并不适合销售、讲师等工作；又或者求职者较为紧张，回答不真诚，因此眼神回避。

⑤打哈欠：可能求职者此时有些疲惫，或对面试交流不感兴趣。

⑥抖腿：可能求职者有些紧张，可能带有轻视态度，可能感到厌倦，可能不注重礼节，抑或是缺乏控制力。

⑦坐在椅子边缘：说明求职者精神高度集中，没有放松下来，所以四肢无法达到协调状态。

（2）服饰

除了肢体语言，求职者的服饰也能暴露一些问题，从中可以看出求职者的穿衣风格、品位、消费习惯及对面试的态度。一般来说，专业性较强的岗位应聘，求职者会着正装，不过，普通的面试要求不会那么严格，只要求职者穿着整齐、得体即可。

普通的服饰，如衬衣、西裤、牛仔裤、皮鞋、运动板鞋等属于大众化的穿法，HR 也不能从中看出什么。但若是有求职者穿着别具一格，HR 便需要注意了。

①求职者服饰配色张扬，吸人眼球，可以说明此人有个性，有主见，不走常规路，不甘平凡，可以从事创造性的岗位。

②若是穿着过于休闲，可见其对面试不怎么重视，HR 结合后续的面试交流，未发现有过人之处，可淘汰。

③若求职者衣物不洁，或皱皱巴巴的，说明其不拘小节，也说明其自理能力差，不爱干净，这样在工作中也可能不够细心。

④求职者穿着正式，即穿西装打领带，且配色讲究，搭配简约时尚的配饰，说明此人有时尚感，审美较高，对自己一定是高标准严要求。HR 需要考察其能力是否一样令人惊喜，是的话可作为重点对象培养；若能力一般，要求又高，只会增加企业的人力成本。

不过，无论动作还是服饰，都是从侧面来了解求职者的细枝末节，不能一概而论，应该综合考量。有的求职者对穿着不在意，并不代表其工作不认真，或能力不行。

总之，HR 要用心观察记录求职者各方面的特质，在一个连贯的状态下理解其动作、语气、表情，得到的信息更准确。

2.2.4 背调展示员工的心理变化

做过 HR 或者求过职的人，都知道简历内容与事实总有出入，因此很多大中型企业都会对员工进行背调。背调即背景调查，是通过合法的途径和方式对求职者提交的个人背景信息进行核查比对，验证其真伪。背调方式包括咨询求职者从前的领导、最近有机会观察求职者的人士、曾就读教育机构等。

背调一般是在面试结束后和决定录用前开展，具体有以下重要作用：

①HR 能够通过背调对员工的诚信度和信息的真实性进行核实。

②降低录用风险，如职务犯罪、健康问题等。

③为企业选到可靠的人才。

④了解员工过往心路历程，对员工的事迹了解得越多，HR 对员工本人的真实性格就越清楚，越能把握其能否胜任对应的工作。

一般来说，背调的内容包括求职者个人信息、工作经验、教育经历、他人的评价、工作表现、离职原因等。不同的背调内容可反映求职者不同的性格面，得到较为全面的心理画像，见表 2-7。

表 2-7 背调内容代表的性格面

项目	具体内容
个人身份信息	核实求职者提供的身份信息，包括姓名、身份证号码、户籍等，若有作假，说明求职者有重大的事项隐瞒，很可能是违法犯罪事实，HR 要保持警惕
职场黑名单	调查求职者是否被列入了职场黑名单，有过不遵守竞业规则、虚假简历、泄露企业机密、盗窃企业财物等行为。若有此行为，说明求职者道德水准低下，做事不择手段，会因个人利益损害企业利益，绝对不能录用
专业资格	核实求职者的各种职业资格证书是否真实有效，证书内的信息（专业级别、发证日期）是否正确。若证书无误，可从侧面说明求职者上进好学，愿意提升自己；若是造假，说明求职者有虚张声势的性格问题
金融黑名单	通过银行官网、金融管理机构，调查求职者是否有贷款失信的违规行为，了解其是否有潜在的信用风险。若是贷款多、金额大，说明求职者有不良的消费习惯，没有自制力，可能在工作中也难以集中精神
诉讼记录	查询相关数据库，调查求职者是否涉及刑事诉讼案件，有无犯罪、诉讼记录，这关系到其个人品质。若是经常打架斗殴，说明性格强势，情绪不稳，很容易在企业内部生事
学历信息	通过教育部官方网站查询求职者的教育背景、学历信息，包括学历证书的发证日期、发证院校和第一学历信息等，可以了解求职者的学习能力

续上表

项　目	具体内容
商业利益冲突	对于候选人是否担任其他企业的法人、股东、董事、高管等职位要严格核查，以免给企业带来隐患，主要针对高管和技术人才
工作经验	查询求职者之前任职的企业是否真实，职位是否正确，可以清楚了解员工工作能力，确定其能否顺利地完成本企业的工作
工作表现	通过求职者前企业的领导了解其工作表现和离职原因，了解其技能、人际交往、组织协调等表现，弄清其离职的真实原因或不足之处

一般来说，HR在招聘哪些岗位时需要进行背调呢？

涉及资金管理的岗位。为了保证企业的资金安全，HR可对会计、出纳等岗位人员进行背调，了解其工作能力、犯罪记录和诚信状况。

涉及企业核心机密的岗位。企业的核心技术及机密档案是企业命脉所在，关系到企业的生存问题，决不能被同行竞争对手拿到，因此HR在招聘研发部的工程师、技术人员等人员时要非常谨慎，需要弄清其来历。

特殊中高层管理岗位。企业的一些管理岗位负责企业主要经营活动，还掌握企业的客户资源，对企业发展至关重要，因此HR需要对运营总监、销售总监、战略经理等职位的求职者做好背调。

下面一些常见的背调方法可供HR使用。

（1）HR自行背调

若是背调工作并不繁重，HR可自行设计背调表，根据求职者提供的资料逐一核实，最后形成背调报告。背调表模板见表2-8，可供参考借鉴。

表2-8　背景调查表

姓名	性别	身份证号码	联系方式
毕业日期	毕业院校	专业	背调日期	背调人	背调方式
个人信息核实情况（已核实清楚在对应项括号内打"√"）： 毕业日期（　）　　毕业院校（　）　　专业（　）　　身份信息（　）					
企业一					
联系人信息					

背调人信息	
任职情况	
工作表现	
薪资情况	
离职原因	
背调结果	
企业二	
联系人信息	
背调人信息	
任职情况	
工作表现	
薪资情况	
离职原因	
背调结果	

填写好背调表后，HR 还需对背调过程中获得的信息进行整理，对求职者过往经历和心路历程有一个直观的展现，形成背调报告，见表2-9。

表 2-9　背景调查报告

员工基本信息			
证件类型		证件号码	
姓名		性别	出生日期
婚姻状况		户口所在地	现居住地
信息来源			
核实结果			

学历及教育背景核实报告	
毕业院校	
毕业证书编码	
入学时间	
毕业时间	
发证机构	
有无违纪记录	
信息来源	
核实结果	

家庭主要成员情况					
关系	姓名	出生日期	政治面貌	工作单位及职务	联系方式
父子					
母子					
兄弟					
信息来源					
核实结果					

工作经历和违纪违规核实报告					
单位	就职部门	职位	就职时间	最后薪资	离职原因
信息来源					

问题	结果	备注
是否有违纪违规行为		
是否有过仲裁记录		
是否签订竞业禁止协议		
个人性格		
个人评价		
家人评价		
学校评价		
单位评价		

（2）第三方背调公司

现在很多大中型企业会与专业的第三方背调公司合作，以减轻人事部门的压力。选择第三方背调公司有以下五个好处：

①调查范围更广泛，渠道更丰富。

②调查内容更全面，包括求职者各方面信息。

③解放人事部门，让 HR 保留精力完成其他人事工作，更有助于人事管理。

④节省时间，背调公司的专业性能够大大缩短背调时间，有助于 HR 更快做出录用决定。

⑤保证背调结果的客观、专业。

图 2-5 为某专业背调公司的标杆案例，HR 可从图中了解到专业背调公司是如何展开背调工作的。

（3）官方网站

有一些权威的官方网站能够帮助 HR 查询求职者信息，HR 应加以利用，如学信网、中国裁判文书网和国家政务服务平台。

学信网。即中国高等教育学生信息网，由全国高等学校学生信息咨询与就业指导中心于 2002 年 5 月注册并开通，是集高校招生、学籍学历、毕业生就业和国家助学贷款学生个人信息一体化的大型数据仓库，开通了学历查询系统、学籍学历信息管理平台等。

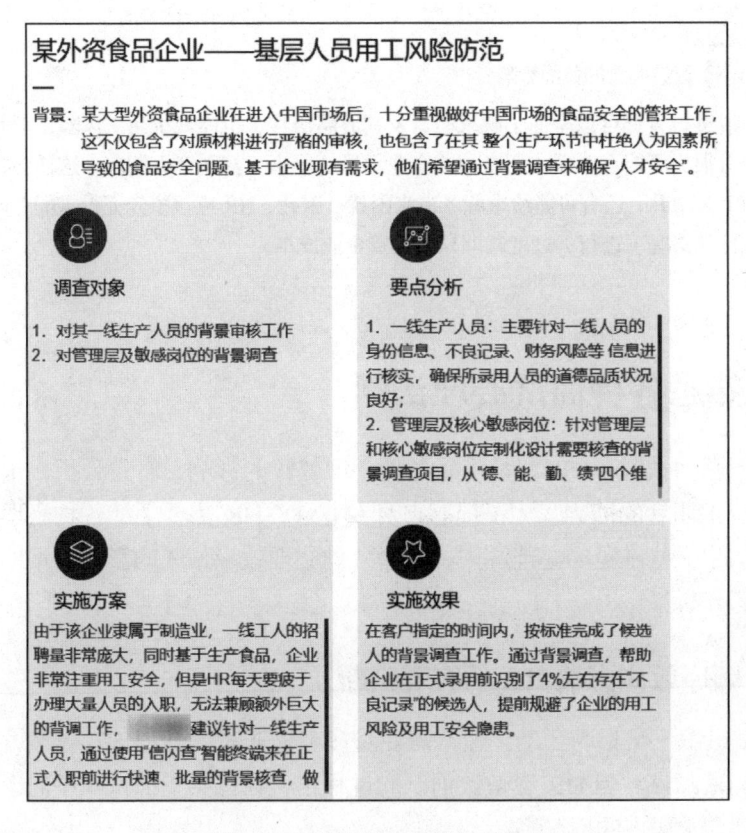

图 2-5　专业背调公司的标杆案例

中国裁判文书网。最高法院在互联网设立中国裁判文书网，统一公布各级人民法院的生效裁判文书，可以帮助 HR 查询求职者是否牵涉刑事案件、民事案件、行政案件等。

国家政务服务平台。由国务院办公厅主办，HR 可在该平台查询各种职业资格证书，如图 2-6 所示。

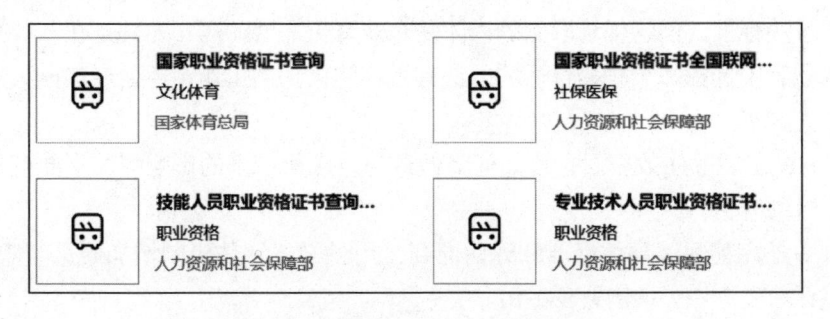

图 2-6　国家政务服务平台查询服务

> **拓展贴士** 背景调查的负面影响
>
> 虽说进行背调可以全面了解求职者及其心路历程，也能减少用工风险，但是背调过程中有很大可能会联系求职者的前企业领导、同事，甚至家人朋友，这样会暴露求职者的个人隐私，还有可能给求职者带来困扰。因此，HR 应该事先征得求职者同意，且只在特殊情况下进行，过度背调只会浪费企业成本。

2.3　熟悉各种面试心理法则

在招聘面试时，HR 容易受到各种心理效应的影响，有失公正，未能客观评估每位求职者的能力。为了提高自身专业性，HR 需要了解各种心理效应的源头，认识一些常见的心理法则，破除各种心理效应带来的影响，帮助自己做出正确的判断。

2.3.1　顺序效应影响 HR 的客观判断

HR 组织一次招聘活动，通常需要对多名求职者展开面试，当然就会设置基本的面试顺序。但 HR 在依次面试的过程中，往往会受面试顺序的影响，难以客观评定求职者的情况。

顺序效应是指由顺序的不同所导致的结果差异，面试的顺序不同，有可能造成不同的录用结果。为什么 HR 会受到顺序效应的影响呢？

假如 HR 连续面试好几个求职者，这几个求职者表现一般，突然有一个求职者表现尚可，HR 对其的认可度便会大大增加；要是一连面试几人都非常优秀，即使之后出现的求职者能力出众，HR 也不会太过惊喜。

可见 HR 在评估求职者能力的时候会互相对比，并随着情况提高或降低自己的录用标准。但这样录取到的人才是企业真正需要的吗？尤其是在一众平庸的求职者中选择一个稍显合适的，这有可能耽误部门工作，还会增加再次招聘的人力成本。

HR 了解顺序效应后，该如何降低这一效应所带来的影响呢？下面有几种方法可供借鉴。

一是完善面试评估标准和评估准则，用科学的评估机制增加面试客观度。面试评估表（一）举例见表 2-10。

表 2-10　面试评估表（一）

申请人姓名： 职位：	申请人序号： 面试考官：	日期：		
评价项目					

1. 外表（10分）： A. 西装、干净整洁、无褶皱□ B. 衬衫、干净整洁、无褶皱□ C. 休闲风、运动鞋、干净清新□ D. 奇装异服、颜色夸张□	2. 行业深入程度（15分）： A. 市场调研经验丰富，熟悉市场变化□ B. 述职调研流程、技巧，对市场变化大致清楚□ C. 对产品市场不是很清楚，知道基本的调研技巧□
3. 工作能力（15分）： A. 采购渠道、资源积累丰富□ B. 采购渠道、资源有限□ C. 无采购渠道、无资源□	4. 可开始工作日期（5分）： A. 随叫随到□ B. 可确定具体日期□ C. 不清楚、待定□
5. 语言交流（10分）： A. 善于表达、语言有条理、令人信服□ B. 主动积极、表述清楚□ C. 言语表达不流畅□ D. 沉默、不善表达□	6. 对企业的了解程度（15分）： A. 知道企业的经营模式、发展起伏□ B. 知道企业的管理理念、文化价值观□ C. 知道企业的基本信息：成立时间、主营业务□
7. 工作经验（15分）： A. 五年以上□ B. 五年以内□ C. 三年以内□ D. 无□	8. 工资要求（10分）： A. 市场平均水平：6 000元左右□ B. 高于市场平均水平：8 000元左右□
9. 其他评价（5分）：	总分：_____分
最后决定： □进入下一轮面试　　　　□考虑存档留用　　　　□不录取	
备注：评估求职者时，在符合的项目后打"√"，A项为最高分，然后依次递减2分，如A项10分，B项8分，C项6分	

表2-11所示为面试评估表（二），HR使用该表就很容易受主观影响做出最终评分。

表 2-11　面试评估表（二）

编号：						
应聘人			面试人			
应聘岗位			建议岗位			
联系方式			日期			
评估要素	特优	优	良	中	差
	5	4	3	2	1
仪　表					
态度与谈吐					
是否符合企业发展人才要求					
对企业的认同度					
对工作的了解程度					
工作经验是否足够					
对企业可能具有的贡献					
解决问题的能力					
积极并接受挑战性工作					
稳定性与工作耐力					
责　任　感					
工作弹性					
……					
得分：_____ 分（在对应分值下，操作人员低于70分不予录用；管理人员低于80分不得录用）
录用意见：□录用　　　　□备取　　　　□不录用

表 2-10 与表 2-11 对比，可以看出对于评估要素（评估项目），表 2-10 提供了不同维度帮助 HR 判断，HR 只需将求职者的表现与评估维度对应，在契合项上打钩即可，有效降低了顺序效应的影响。如考查求职者的工作能力，表 2-10 列出了三种评估维度：

　　A. 采购渠道、资源积累丰富

　　B. 采购渠道、资源有限

　　C. 无采购渠道、无资源

表 2-11 只能以"特优、优、良、中、差"判断。可见前套评估表是"求职者"与"表维度"的对比，后套评估表是求职者优秀程度的对比。

二是在面试之外，安排笔试、计算机测试、情景模拟等环节综合考察求职者能力，且面试环节的权重不能太高。

三是若有初试和复试，则综合两轮面试得分，计算求职者最终考核分数。

四是将求职者分为几个小组，以小组为单位进行面试，要么小组中有人脱颖而出，要么小组都一般或都优秀。

五是 HR 须提高自我控制能力，既然知道顺序效应的负面影响，便要随时注意调整个人情绪，在面试情况不理想时，暂停一下再继续。

六是多倾听其他 HR 的意见，意见不一时不要产生抵触心理。

2.3.2 首因效应导致先入为主

首因效应由心理学家洛钦斯首先提出，也叫第一印象效应，是指个体在社会认知交往时，接收了"第一印象"最先输入的信息，影响了对该对象以后的认知。对于这种心理效应，有两种解释：

①大脑最先接收的信息，会在脑中形成基础观念或记忆图像，后输入的信息会被赋予基础属性，被同化整合，甚至篡改。

②先接收的信息印象深刻且更纯粹，后续信息对大脑的影响会被削弱或是忽视。

HR 进行面试时，同样也可能受第一印象的影响，从而做出相应的评估结果，至于是否客观就见仁见智了。

下面通过一个案例来了解首因效应对 HR 的影响。

实例分析 求职者形象差被淘汰

在 ×× 公司的夏季招聘活动上，来了很多优秀的求职者，HR 对于面试人员的整体素质还算满意。随着招聘进入尾声，这时进来一位满头大汗、发型凌乱、衬衣微湿的求职者周某。

原来，周某在前来面试的途中遇到了交通拥堵问题，害怕不能及时赶到，因此一路狂奔，非常匆忙。HR 对周某这样不稳重的表现，当下心生不满。等到开始提问的时候，周某对专业上的问题对答如流，可见其工作能力不错。

但最终的录用结果出来后，周某并未被录用，原来 HR 对其负面的第一印象较为深刻，经过一致讨论将他刷掉，录用了其他表现不错的求职者。

从以上案例能够清楚地看到首因效应带来的影响，虽然相信第一印象不一定是错的，但减少主观因素才是一位专业的 HR 应该做的。而且第一印象并非不可改变，在与面试者的进一步交流中，HR 就要特别注意其有哪些优点，哪些优点是别人没有的，哪些优点是岗位需要的，然后确定测评要素，精准打分。

2.3.3 晕轮效应形成刻板印象

晕轮效应又称"成见效应""光圈效应""日晕效应"，是指在人际认知中所形成的以点概面或以偏概全的主观印象。如果面试中，HR 遇到个人色彩强烈或个性鲜明的求职者，很可能会被其出彩的地方吸引，而忽略了其性格上的其他弱点；也有可能对其突出的缺点抱有成见，而否定其优点。

HR 若抱有偏见，很难为企业找到真正优秀的人才，常见的晕轮效应如下：
①内向、安静的人在工作中也会沉稳可靠。
②面试迟到代表在工作中也会迟到。
③精心搭配穿着意味着对工作也上心。
④谈吐得体说明工作能力也很强。
⑤容易紧张一定不能胜任工作。

这些刻板印象相信 HR 不会陌生，晕轮效应的遮蔽性让 HR 无法看到求职者的全貌。HR 自己首先要有清晰的认识，放下偏见，全面了解求职者，综合多方资料和意见，这样才不会以偏概全。

2.3.4 胜任特征全面评价求职者

胜任特征评价法是一种十分高效的人力资源评价分析技术。胜任特征是指企业成员的动机、特质、自我形象、态度或价值观、某领域知识、认知或行为技能，以及任何可以被测量或计算、并能显著区分出其优劣的特征。胜任特征是人格中深层和持久的部分，它显示了个人的行为和思维方式，具有跨情景和跨时间的稳定性，能够帮助 HR 预测多种情景或工作中的个人行为。

胜任特征评价法能通过对员工进行系统全面的研究，对其外显特征及内隐特征进行综合评价，从而寻找符合某一岗位的理想人选，HR 可用于评估求职者。以下是胜任特征模型的六个维度：

①技能：掌握和运用专门技术的能力，或是能较好完成企业所安排任务的能力，如语言能力、做账能力。
②知识：某一专业领域需要的信息知识。

③社会角色：意欲在他人面前展现的形象，如想成为领导。

④自我概念：对自己身份的认知或知觉，如认为自己是业内专家或专业技术人才。

⑤动机：决定个人外在行为的内在思想。

⑥特质：某人所具有的身体特征及典型的行为方式，如善于倾听、喜欢冒险等。

有的大型企业会斥巨资请外部咨询机构搭建一套胜任特征模型，而这对中小型企业来说不太现实，不过 HR 可自行搭建简易的胜任特征模型。具体步骤如下所述：

第一步，搭建团队。一般由人事部门人员、各部门管理者及员工等组建而成。

第二步，进行工作分析，选择效标样本。对企业内部各岗位进行分析，确定哪种类型的人称得上岗位优秀人才，按一定标准划分优秀人才和一般人才，如绩效考核排名前十名为划分线，也可参考岗位绩效考核核心指标。同时还要确定一般样本和优秀样本作为访谈对象。

第三步，收集样本数据。通过对一般样本（人员）和优秀样本（人员）进行访谈，交叉对比来获得数据，可利用问卷调查、情景访谈等方法挖掘被访者的深层次信息。此阶段按"双盲原则"进行，即 HR 不知道访谈对象是优秀的还是一般的员工。

第四步，分析数据，定义优秀标准。对访谈的记录和信息进行整理，从每个访谈者的话语中提炼与胜任特征六维度有关的信息，编制"企业优秀素质大全"。

第五步，构建胜任特征模型。对各项优秀素质进行定义，划分不同等级（强度），并对每个等级进行描述。表 2-12 为某企业销售经理岗位的胜任特征模型。

表 2-12　销售经理岗位胜任特征模型

优秀素质	等　　级	描　　述
沟通能力	一级（√）	……
	二级	……
运营能力	一级	……
	二级（√）	……

续上表

优秀素质	等级	描述
人际关系	一级（√）	……
	二级	……
……	……	……

注：等级越小，要求越高。在哪一等级后打"√"，该岗位便适用哪项等级标准

第六步，验证模型。在建立模型后，还需要进行素质验证，让企业内更多员工参与讨论，修改有争议的部分，最后确定模型。可采用问卷调查、小组讨论等方式进行。

拓展贴士 什么是效标

效标（validity criterion）是一种衡量测验有效性的参照标准，通常为测验使用者感兴趣并可独立测量的行为或特质。效标测量要求具有高相关，减小测量误差，保证客观性。

2.3.5 知觉心理法则侧面了解员工

知觉是一系列组织并解释外界客体和事件产生的感觉信息的加工过程，即是客观事物直接作用于感官，而在大脑中产生的整体认识。知觉包含整体性、恒常性、意义性和选择性四个特性，我们的视觉、听觉、嗅觉都属于知觉。

在日常生活中，我们通过各种知觉分析和认识周围的世界。而在进行人事招聘时，HR 也可通过知觉认识对方的心理，通过求职者的身体语言、外表形象、谈吐判断其性格。

因此，HR 在面试中不能仅仅听求职者在说什么，还要注意其体态动作、求职动机、爱好等，形成统一的知觉，帮助自己理解和判断。HR 要做好以下两点：

①设置"试金石"，观察员工表现，进而探究其内心。

②避免生活中的刻板印象。

根据面谈交流和各项资料，结合知觉心理法则，HR 能够选出与岗位更加匹配的人才。

第3章 从"心"接受员工才能好好工作

新员工入职并不意味着就融入企业环境了,职员不仅要在环境、工作内容上多加适应,还要从心理上认同企业的管理及价值观。HR 在此阶段要关注职员的心理状况,从不同角度向其说明企业的各项情况,答疑解惑,提供安慰,激励职员,让其真正成为企业的一员。

3.1 入职心理辅导不能少

求职者通过面试后,便可进入试用期。为了让新员工在试用期内尽快适应工作,融入企业环境,HR 应该设身处地站在新员工的立场上考虑其基本的需求,给予新员工鼓励和帮助。

3.1.1 不同性格适合不同岗位

人的性格会影响人的行为,反映其内心,同时会反映到工作中。如有的人工作一丝不苟,有的人在工作中想法很多,有的人领导和组织能力强,有的人则是交际能力强……可见性格影响着一个人对职业的选择及适应性。

职业性格有不同的分类,如以下九种职业性格分类:

①变化型:追求多样化的活动,善于转移注意力和工作环境,能够在新的或意外的工作情境中感到愉快。比较适合从事的职业类型为记者、推销员、演员等。

②重复型:可以连续不停地从事同样的工作,能严格按计划或进度办事,喜欢有规则的、有标准的职业。比较适合从事的职业类型为各专业技术工种。

③服从型:可以严格按别人的指示办事,不愿自己独立做出决策,而喜欢

让他人对自己的工作负责。比较适合从事的职业为办公室职员、秘书、翻译等。

④独立型：喜欢计划自己的活动和指导别人的活动，在独立的和富有职责的工作环境中感到愉快，喜欢对将要发生的事情做决定。比较适合从事的职业类型为管理人员、律师等。

⑤协作型：在与人协同工作时感到愉快，想得到同事们的喜欢。适合从事的职业类型为社会工作者、咨询人员等。

⑥劝服型：对于别人的反应有较强的判断力，且善于影响他人的态度、观点和判断。适合从事的职业类型为辅导人员、行政人员等。

⑦机智型：在危险的状况下能自我控制和镇定自如，能出色地完成任务。比较适合从事的职业类型为商务谈判人员、应急处置人员等。

⑧好表现型：喜欢能够表现自己的爱好和个性的工作环境。比较适合从事的职业类型为各类艺术工作等。

⑨严谨型：倾向于严格、努力地工作，以便能看到自己付出努力后达到的工作效果。比较适合从事的职业类型为会计师、精算师等。

HR选择不同的职业性格或兴趣测试，便会适用对应的职业性格分类方法，虽然各有不同，但也会有相似或交叉的地方。HR了解得越多越能运用熟练，有效了解员工职业性格，帮助员工走好之后的每一步。

3.1.2 兴趣测试为员工选择方向

兴趣测试是将求职者的兴趣特点和性格特点同职业特性做比较，来判断求职者适合做什么工作，并作为其职业生涯规划的参考。HR可准备一套职业测试问卷，通过测试结果判断求职者的性格和兴趣。

下例所示为一些HR常用的霍兰德职业测试。

实例分析 霍兰德职业兴趣测量表

适合HR使用的霍兰德职业兴趣测试，具体内容参考表3-1。

表3-1 霍兰德职业兴趣测量表（节选）

您的姓名：
本兴趣测量表将帮助您发现和确定自己的职业兴趣和能力特长，从而更好地做出求职择业的决策。如果您已经考虑好自己的职业，本测验将使您的这种考虑具有理论基础，或向您展示其他合适的职业；如果您至今尚未确定职业方向，本测验将帮助您根据自己的情况选择恰当的职业目标。本测验共有七个部分，每部分测验都没有时间限制，但请您尽快按要求完成。

第一部分 您心目中的理想职业（专业）

关于未来的职业（或升学进修的专业），您得早有考虑，它可能很抽象、很模糊，也可能很详尽、很清楚。不论是哪一种情况，现在都请您把自己最想干的三种工作或最想读的三种专业，按次序写下来。

1.
2.
3.

第二部分 您所感兴趣的活动

（下边列举了若干种活动，请就这些活动判断你的好恶。请在你所喜欢的活动后面打"√"，不喜欢的活动后面打"×"）

R：实质类活动
1. 装置维修电器或玩具（　）
2. 维修自行车（　）
3. 用木头做东西（　）
4. 开汽车或摩托车（　）
5. 用机器做东西（　）
6. 参加木匠技术学习班（　）
7. 参加制图描图学习班（　）
8. 驾驶卡车或拖拉机（　）
9. 参加机械和电气学习班（　）
10. 装置维修机器（　）
统计您所得到的"√"的总数：（　）

A：艺术类活动
1. 素描／制图或绘画（　）
2. 参加话剧／戏剧（　）
3. 设计家具／布置室内（　）
4. 练习乐器／参加乐队（　）
5. 欣赏音乐或戏剧（　）
6. 看小说／读剧本（　）
7. 从事摄影创作（　）
8. 写诗或吟诗（　）
9. 进艺术（美术／音乐）培训（　）
10. 练习书法（　）
统计您所得到的"√"的总数：（　）

I：调查类活动
1. 读科技图书和杂志（　）
2. 在实验室工作（　）
3. 改良水果品种，培育新的水果（　）
4. 检查认识土和金属等物质的成分（　）
5. 研究自己选择的特别问题（　）
6. 做算术或玩数学游戏（　）
7. 上物理课（　）
8. 上化学课（　）
9. 上几何课（　）
10. 上生物课（　）
统计您所得到的"√"的总数：（　）

S：社会类活动
1. 学校或单位组织的正式活动（　）
2. 参加某个社会团体或俱乐部活动（　）
3. 帮助别人解决困难（　）
4. 照顾儿童（　）
5. 出席晚会、联欢会、茶话会（　）
6. 和大家一起出去郊游（　）
7. 想获得关于心理方面的知识（　）
8. 参加讲座会或辩论会（　）
9. 观看或参加体育比赛和运动会（　）
10. 结交新朋友（　）
统计您所得到的"√"的总数：（　）

E：事业类活动
1. 说服鼓动他人（ ）
2. 卖东西（ ）
3. 谈论政治（ ）
4. 制定计划、参加会议（ ）
5. 以自己的意志影响别人的行为（ ）
6. 在社会团体中担任职务（ ）
7. 检查与评价别人的工作（ ）
8. 结交名流（ ）
9. 指导有某种目标的团体（ ）
10. 参与政治活动（ ）
统计您所得到的"√"的总数：（ ）

C：传统类活动
1. 整理好桌面和房间（ ）
2. 抄写文件和信件（ ）
3. 为领导写报告或公务信件（ ）
4. 检查个人出入情况（ ）
5. 参加打字培训班（ ）
6. 参加算盘、文秘等实务培训（ ）
7. 参加商业会计培训班（ ）
8. 参加情报处理培训班（ ）
9. 整理信件、报告、记录等（ ）
10. 写商业贸易信（ ）
统计您所得到的"√"的总数：（ ）

第三部分　您所擅长获胜的活动
（下边列举了若干种活动，其中有你能做或大概能做的事，请在能做的事后面打"√"，不能做的事后面打"×"）

R：实质类活动
1. 能使用电锯、电钻和锉刀等木匠工具（ ）
2. 知道万用表的使用方法（ ）
3. 可以维修自行车或其他机械（ ）
4. 可以使用电钻床、磨床或缝纫机（ ）
5. 能给家具和木制品刷漆（ ）
6. 能看建筑设计图（ ）
7. 可维修简单的电气用品（ ）
8. 能维修家具（ ）
9. 能维修收录机（ ）
10. 能简单地维修水管（ ）
统计您所得到的"√"的总数：（ ）

A：艺术类能力
1. 能演奏乐器（ ）
2. 能参加二部或四部合唱（ ）
3. 独唱或独奏（ ）
4. 扮演剧中角色（ ）
5. 能创作简单的乐曲（ ）
6. 会跳舞（ ）
7. 能绘画、素描或书法（ ）
8. 能雕刻、剪纸或泥塑（ ）
9. 能设计板报、服装或家具（ ）
10. 写得一手好文章（ ）
统计您所得到的"√"的总数：（ ）

I：调研类能力
1. 懂得真空管或晶体管的作用（ ）
2. 能够列举三种蛋白质多的食品（ ）
3. 理解铀的裂变（ ）
4. 能用计算尺、计算器、对数表（ ）
5. 会使用显微镜（ ）
6. 能找到三个星座（ ）
7. 能独立进行调查研究（ ）
8. 能解释简单的化学现象（ ）
9. 理解人造卫星为什么不落地（ ）
10. 经常参加学术会议（ ）
统计您所得到的"√"的总数：（ ）

S：社会类能力 1. 有向各种人说明解释的能力（　）　　6. 能简单易懂地教育儿童（　） 2. 常参加社会福利活动（　）　　　　　7. 能安排会议等活动顺序（　） 3. 能和大家一起友好相处地工作（　）　8. 善于体察人心和帮助他人（　） 4. 善于与年长者相处（　）　　　　　　9. 帮助护理病人和伤员（　） 5. 会邀请人、招待人（　）　　　　　　10. 安排社团组织的各种事务（　） 统计您所得到的"√"的总数：（　）
E：事业类能力 1. 担任过学生干部并且干得不错（　）　6. 有开创事业的能力（　） 2. 工作上能指导和监督他人（　）　　　7. 向领导提出建议或反映意见（　） 3. 做事充满活力和热情（　）　　　　　8. 曾作为俱乐部或社团的负责人（　） 4. 有效利用自身的做法调动他人（　）　9. 健谈善辩（　） 5. 销售能力强（　）　　　　　　　　　10. 知道怎样做能成为一个优秀的领导者（　） 统计您所得到的"√"的总数：（　）
C：常规类能力 1. 会熟练地打字（　）　　　　　　　　6. 会用算盘（　） 2. 能在短时间内分类和处理大量文件（　）7. 会用外文打字机或复印机（　） 3. 能快速记笔记和抄写文章（　）　　　8. 能使用计算机（　） 4. 善于整理保管文件和资料（　）　　　9. 能搜集数据（　） 5. 善于为自己或集体做财务预算表（　）10. 善于从事事务性的工作（　） 统计您所得到的"√"的总数：（　）
第四部分　您所喜欢的职业（略）
第五部分　您的能力类型简评（略）
第六部分　统计和确定您的职业倾向（略）
第七部分　您所看重的东西——职业价值观（略）

霍兰德职业兴趣理论将人的兴趣特点分为了六个类型，具体内容见表3-2。

表3-2　霍兰德职业兴趣分类

兴趣分类	共同特征	典型职业
社会类 （S型）	喜欢与人交往、不断结交新朋友、善言谈、愿意教导别人。关心社会问题、渴望发挥自己的社会作用。寻求广泛的人际关系，比较看重社会义务和社会道德	喜欢与人打交道的工作，从事提供信息、启迪、帮助、培训、开发或治疗等事务，并具备相应能力。如教育工作者（教师、教育行政人员），社会工作者（咨询人员、公关人员）

续上表

兴趣分类	共同特征	典型职业
企业类（E型）	追求权力、权威和物质财富，具有领导才能。喜欢竞争、敢冒风险、有野心、有抱负。为人务实，习惯以利益得失、权利、地位、金钱等来衡量做事的价值，做事有较强的目的性	喜欢要求具备经营、管理、劝服、监督和领导才能，以实现机构、政治、社会及经济目标的工作，并具备相应的能力。如项目经理、销售人员、营销管理人员、政府官员、企业领导、法官、律师
常规类（C型）	尊重权威和规章制度，喜欢按计划办事，细心、有条理，习惯接受他人的指挥和领导，自己不谋求领导职务。通常较为谨慎和保守，缺乏创造性，不喜欢冒险和竞争，富有自我牺牲精神	喜欢要求注意细节、精确度、有系统有条理，具有记录、归档、按特定要求或程序组织数据和文字信息的职业，并具备相应能力。如秘书、办公室人员、记事员、会计、行政助理、图书馆管理员、出纳员、打字员、投资分析员
实际类（R型）	愿意使用工具从事操作性工作，动手能力强，手脚灵活。偏好于具体任务，不善言辞、做事保守、较为谦虚。缺乏社交能力，通常喜欢独立做事	喜欢使用工具、机器，需要基本操作技能的工作。对要求具备机械方面才能、体力或与物件、机器、工具、运动器材、植物、动物相关的职业有兴趣，并具备相应能力。如技术性职业（计算机硬件工程技术人员、摄影师、制图员、机械装配工），技能性职业（木匠、厨师、修理工、农民）
调研类（I型）	思想家而非实干家，抽象思维能力强，求知欲强，肯动脑，善思考，不愿动手。知识渊博，有学识才能，不善于领导他人。考虑问题理性，做事喜欢精确，喜欢逻辑分析和推理，不断探讨未知的领域	喜欢智力的、抽象的、分析的、独立的定向任务，要求具备智力或分析才能，并将其用于观察、估测、衡量、形成理论、最终解决问题的工作，并具备相应的能力。如科学研究人员、教师、工程师、电脑编程人员、医生、系统分析员
艺术类（A型）	有创造力，乐于创造新颖、与众不同的成果，渴望表现自己的个性，实现自身的价值。做事理想化，追求完美，不切实际。具有一定的艺术才能和个性。善于表达、怀旧	不善于事务性工作。喜欢的工作要求具备艺术修养、创造力、表达能力和直觉，并将其用于语言、行为、声音、颜色和形式的审美、思索和感受。如艺术方面（演员、导演、艺术设计师、雕刻师、建筑师、摄影家、广告制作人），音乐方面（歌唱家、作曲家、乐队指挥），文学方面（小说家、诗人、剧作家）

不过，大多数人并非只符合一种兴趣特点，而是包含多种兴趣特点，如某人同时具备实际类（R）、企业类（E）和调研类（I），其职业代码为REI。按照霍兰德职业索引，将其职业代码与相应的职业对照，可得到适合的职业方向，即轮船船长、航海领航员、大副、试管实验员。

除了霍兰德兴趣测试，还有其他测试可供HR选择，如第2.2.2节内容介绍的测试方式。HR 在为员工做兴趣测试时，要注意以下方面：

①兴趣测试只是职业探索的第一步，并不意味着求职者或员工一定要按此规划从事具体的工作，还应结合实际情况。

②在兴趣测试中没有正确或错误的答案，测试者要凭借自己的第一感觉选择。

③HR 可提供几份不同的兴趣测试，综合这些测试报告，着重于相似之处，这样更加准确。

3.1.3 职业规划为员工打气

经调查，企业留住员工的五大要素包括：①企业发展与员工个人发展契合；②企业文化；③直接上级的才能；④公平的绩效考核；⑤薪酬。而员工个人发展已成为薪酬之后的重要离职原因，俗话说"人往高处走，水往低处流"，员工进入职场当然要谋求发展。

为了能更好地发展，人们往往需要进行职业规划，即对职业生涯进行持续的系统的计划，一般要经历三个阶段：

①一是选择合适的行业。

②二是确定职业目标。

③三是设计晋升渠道。

而新入职的员工，除了适应工作外，对职业规划较为迷茫，容易在忙碌的工作中迷失和厌倦。为了让员工迎难而上，不轻易放弃，HR 可帮助员工设计职业规划，踏实走好每一步。

（1）企业的晋升路径

新员工进入企业后，对企业的了解还在初始层面，若是不全面了解企业各种情况，又何谈发展和晋升呢？HR 此时便发挥着重要作用，需要将企业发展、组织结构、各项规章，最重要的是晋升途径告知新员工。

一般来说，员工进入企业后，有横向和纵向两种发展途径，不过大多数是纵向发展。

横向发展途径。企业一般根据企业职位的内容及属性划分为技术类、生产类、营销类和管理类等，通俗来讲即为生产部、销售部、采购部、设计部、行政部等，员工跨部门调动可视作横向发展。

纵向发展途径。即在同一部门中完成晋升，有专业技术渠道和管理渠道两种晋升方式。

图 3-1 为某企业的组织结构及晋升路径。从图 3-1 中可以看到，该企业既有纵向晋升渠道，又有横向晋升渠道。

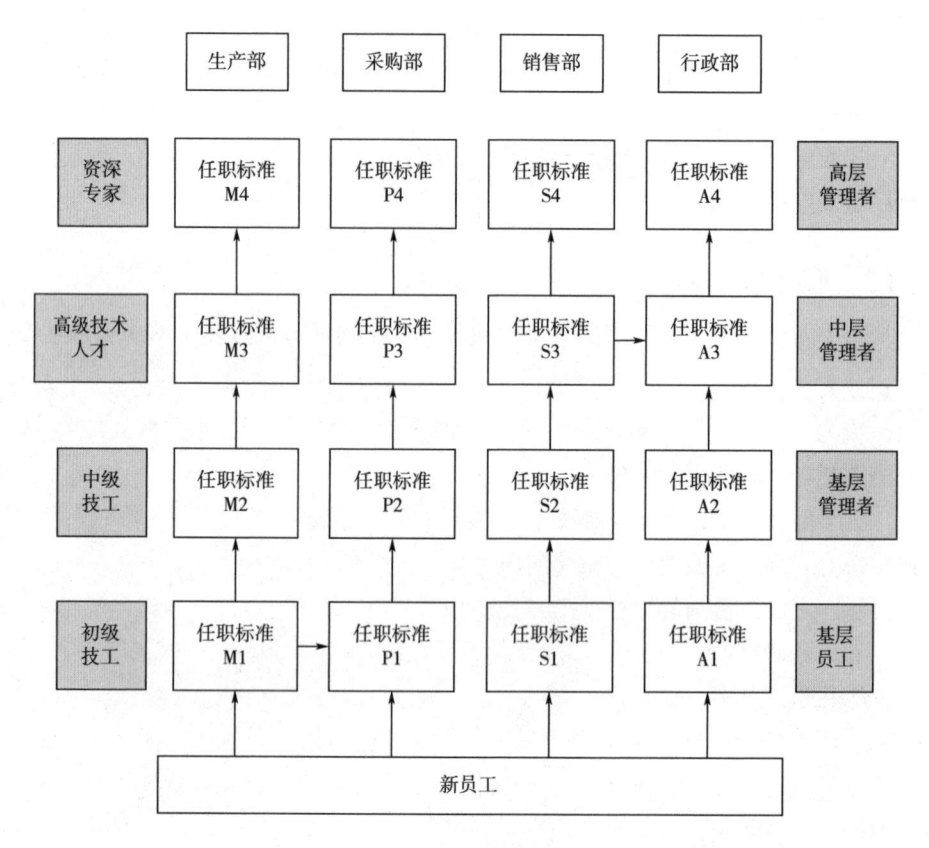

图 3-1　某企业组织结构及晋升路径

①纵向晋升的渠道分为两类，一是管理渠道，二是技术渠道，分别是"基层员工→基层管理者→中层管理者→高层管理者"和"初级技工→中级技工→高级技术人才→资深专家"。每个部门都设置了对应的纵向晋升渠道。

②横向晋升渠道很少，主要面对基层人员和管理层人员，一是方便基层人员调岗，二是培养管理人员多方面的能力，有助于其用更全面的视角帮助企业发展。如基层生产人员可横向调职去做采购；销售部门主管能调去做行政主管。除此之外，一般不会横向调动。

（2）了解员工职业性格

要帮助员工设计职业规划，HR 当然要了解员工职业性格和兴趣所在，这样才能做到真正适合员工，也是员工心之所向。HR 可借用各种职业测评方法，这里不再赘述。

总而言之，HR要多与员工沟通，听取对方的意见和想法，再提供参考和自己的意见。

（3）建立大致目标

员工的职业目标有长期的，也有短期的。根据现有情况，HR先帮助员工建立一个大致的职业目标，如三年内要达到什么目标，五年内要达到什么目标。

在员工确立好大致目标后，HR要给予相应的帮助，让员工尽可能达到自己的目标。

（4）调整职业规划

有了大致的职业规划后，还需不断进行完善和调整，因为员工在工作一段时间后，可能会觉得当初的目标不够现实。HR也应该结合员工每次的绩效考核，分析其目前的工作状态和能力是否能按职业规划的轨迹前进。

为了方便员工修正自己的职业规划，HR可以设计职业生涯规划表，方便员工记录、修改和使用，见表3-3。

表3-3 职业生涯规划表

姓　　名		性　　别	
最高学历		所学专业	
目前所在部门		目前任职岗位	
当前岗位主要工作内容简述			
岗位所属序列：□管理类　　□技术类　　□操作类　　□辅助类			
职业发展计划（主要由员工填写）			
目标岗位名称			
需要学习的基础知识及工作学习计划		需要学习的基础知识 1. 2. 3.	工作学习计划 1. 2. 3.

需要掌握的专业技能及工作学习计划	需要掌握的专业技能	工作学习计划
	1. 2. 3.	1. 2. 3.
对综合能力的要求及工作学习计划	对综合能力的要求	工作学习计划
	1. 2. 3.	1. 2. 3.
需要具备的条件及工作学习计划	需要达到的职称等级及条件	工作学习计划
	1. 2. 3.	1. 2. 3.
对管理能力方面的要求及工作学习计划	对管理能力方面的要求	工作学习计划
	1. 2. 3.	1. 2. 3.

3.1.4 帮助员工融入新环境

新员工进入一个陌生环境，一切都有待适应，若是适应得不好，很可能在实习期便离职了；若是能够快速融入，一般都会顺利留下。因此，在新员工的适应期，HR 要按不同的岗位需要为员工提供帮助，让其真正成为企业的一分子。

①向员工发放员工手册，新员工可按员工手册展开工作，了解企业考勤、各部门岗位设置及负责人。

②为同一批新入职员工举办欢迎活动，展示重视与热情，能够从心理上打动员工。

③将员工拉入企业群，方便员工进行内部交流。

④向员工介绍部门负责人，同时介绍同部门或同小组成员，建立一个融洽的团队氛围，打破交往隔阂。

⑤为员工办理入职手续，录入员工资料，发放门禁卡、工作用具。

⑥声明企业的重要事项，强调企业文化，表达对员工的期望。

除了以上基本事项外，HR还可通过以下四种方法，帮助员工融入工作环境，缓解员工"孤立无援"的心境。

（1）入职培训

入职培训应该是员工入职的固定环节，要么企业安排统一的培训学习，要么员工在工作岗位上边工作边学习。入职培训的过程中，员工的工作不会那么繁重，可以将更多的精力放在学习工作技能上，这样员工的压力会减小，能慢慢适应工作。常见的培训方式有以下三种：

①培训课：安排讲师，设置一定的课程向新员工讲授相关知识。这种培训方式比较传统，优点是较为规范、效果明显，员工在培训结束时一般需要通过考核。

②网络培训：这是最近几年较为流行的培训方式，一般企业内需要设置网络学习系统，方便员工随时随地学习相关知识，从便捷性和节约培训成本来说，这种培训方式有很大优势。

③老带新：这种培训方式最简单也最常见，是企业培训的传统方式，让有经验的老员工一对一带领新员工工作，员工既不会在工作上走弯路，也能更快融入新的团队。

（2）布置工位

新人入职第一天，HR或直系领导应该好好布置一下员工的工位，可以摆放一些欢迎卡片、企业公仔、花束，让员工感受到企业的用心。另外，企业统一配置的工作服、专属名牌、企业徽章、考勤卡及卡套、文化衫等需整理好发放给员工，或放置在员工工位上，这样员工更会觉得自己是企业的一分子。

（3）熟悉企业环境

HR可带领员工熟悉企业环境。若是企业规模较小，为小面积办公室只需从头到尾走一圈便能对各部门有一定印象；若企业规模较大，有厂区、办公楼等，HR可将园区地图发给员工，让员工根据地图了解企业各区域所在，需要跨区域工作时也能依据地图行动，不至于一无所知。

（4）入职礼物

有的企业会为新员工准备入职礼物，可以是办公用品，也可以是零食或生活用品，如文具、杯子、餐具等，还可以赠送一份企业的主营产品，这样员工能直观了解企业的主营产品，也能增强其对企业的归属感。

3.2 让员工从内心接受绩效考核

绩效考核是企业一项重要的管理举措,是指考核主体对照工作目标和绩效标准,采用科学的考核方式,评定员工的工作任务完成情况、员工的工作职责履行程度和员工的发展情况,并且将评定结果反馈给员工的过程。科学地实施绩效考核,能引导员工不断进步,提高工作效率。但很多员工在内心深处并不认可绩效考核,尤其是绩效结果不如人意时,更容易引起员工的抵触心理。

3.2.1 绩效考核应客观公正

进行绩效考核管理,企业应该遵循以下五个基本原则:

①公平原则。公平是绩效考核发挥真正作用的基石,也是员工支持绩效考核制度的前提。

②严格原则。企业必须严格按绩效考核机制展开绩效管理,若是考核人员马马虎虎,绩效考核便会流于形式。严格主要体现在考核人员的态度、考核机制的设计及考核流程上。

③公开原则。考核的结果应该向本人公开,让员工了解自己的绩效考核情况,知道自己的不足和优势所在,让员工能毫无保留地接受绩效考核结果,同时也让考核结果接受员工的审视。

④奖惩原则。依据绩效结果的不同,企业应该有奖有罚,这样才能真正起到绩效激励的作用。

⑤差别原则。不同岗位、不同部门在进行绩效考核时不能适用同一套考核标准,而应该有针对性。

这些原则中,公平公开尤为重要,否则员工在面对绩效考核结果时,可能会极力反对,表现出不接受和对抗的态度,让绩效考核工作难以收尾。那么,如何保证绩效考核的公平性呢?HR可参考以下一些方法:

(1)考核人员培训

企业人事部门应该对HR和相关管理人员进行培训,既要让他们掌握绩效考核的方法技能,也要端正其态度,说明公平、客观的重要性。尤其是一些主观打分的项目,管理人员的态度决定了打分结果的公正性,若因为对员工不满而恶意打低分,一经员工反映,企业查明后需要严惩。

(2)量化考核指标

绩效考核指标对绩效考核结果起着决定性的作用,将员工表现与绩效指标对比,就能得到员工的绩效结果。为了更准确地计算绩效考核结果,HR 可采用量化的绩效考核指标,如产量、销售额、缺勤次数、利润率等量化指标。

量化指标有据可查,无论谁质疑都能让人心服口服。

(3)减少主观判断

绩效考核内容有主观项和客观项,企业应该减少主观项,如领导或同事的评价。这些内容很难确定真实性,仅能当作参考,不宜设置过高的权重。

(4)多种绩效考核方式

绩效考核方式多种多样,企业的选择也不必过于单一,可以结合两种或三种绩效考核方法,有效提高公平性与准确性。常见的绩效考核方法见表3-4。

表 3-4 绩效考核方法

方　法	具体介绍
目标管理法	目标管理是指由下级与上级共同决定具体的绩效目标,并且定期检查完成目标进展情况的一种管理方式。由此而产生的奖励或处罚则根据目标的完成情况来确定
360°考核法	特点是评价维度多元化(通常是四或四个以上),适用于对中层以上的人员进行考核,通过员工自己、领导、同事、下属、客户等不同主体来了解工作绩效
平衡计分卡	平衡计分卡是从财务、客户、内部运营、学习与成长四个角度,将组织的战略落实为可操作的衡量指标和目标值的一种新型绩效管理体系
关键事件法	由上级主管者记录员工平时工作中的关键事件:一种是做得特别好的,一种是做得不好的。在预定的时间,通常是半年或一年之后,利用积累的记录,由主管者与被测评者讨论相关事件,为测评提供依据

不同绩效考核方法有不同的特点,HR 应该结合企业的环境和组织结构选择适合的绩效考核方法,且要根据实际的实施情况,灵活地更换考核方式,对效果不明显、员工不认可的绩效考核方式,要及时废弃。

(5)听取员工意见

绩效考核的对象是企业全体员工,员工本人的意见是非常重要的,在设计绩效考核时让员工参与进来,在具体实施时员工的抵触心理就没有那么大了。

如果由于上级领导或 HR 的视角着眼于全企业,并没有考虑到基层员工的实际情况,很可能导致绩效指标脱离实际,难以真正实施。

（6）绩效考核监督机制

绩效考核的各环节都应该接受监督，比如对数据采集进行核实，主观评价若不属实则需追责。另外，员工有任何疑问或质疑，都可以通过申诉渠道进行申诉，权利和义务是对等的，员工有接受绩效考核的义务，当然有申诉的权利，这样才能服众。

一般来说，人事部门是绩效申诉和处理的机构，而绩效申诉渠道多样，包括邮箱、社交软件、企业内网、职工意见箱等。表 3-5 为员工考核绩效申诉表，HR 可借鉴使用。

表 3-5　员工考核绩效申诉表

申诉人		部门		申诉时间	
申诉内容及其依据	申诉内容				
	申诉依据				
调查情况及其协调结果	调查情况				
	协调结果				
所属部门负责人签字：	申诉人签字：		人力资源部签字：		

如下所述为某企业的绩效申诉基本流程，HR 要明白员工没有异议才能算完成申诉处理。

①员工对本部门主管绩效评定和考核的结果有异议，向人力资源部提出申诉，将申诉原因和理由记入员工申诉表。

②HR 受理员工申诉，向员工直接上级的上级领导、员工直接上级和员工了解情况，进行调查核实，并将调查情况写入员工申诉表中。

③员工、员工直接上级、员工直接上级的上级领导签字确认员工申诉表调查结果。

④HR 根据了解到的实际情况和企业绩效制度，出具第三方解决意见。

⑤HR 与申诉人面谈解释原因并在员工申诉表上签署意见。

⑥人力资源部人事信息档案管理员将员工申诉表归入员工绩效考核档案中，在做人事决定时结合员工绩效考评进行。

3.2.2 什么是SMART原则

SMART原则是企业绩效考核过程中适用较多的一种原则，使绩效考核更加科学、规范，保证考核的公正、公开与公平，有利于员工更加高效地工作。SMART原则可解释为如下五点：

①S代表具体（specific）：绩效指标必须是具体的，不能是含糊的。

②M代表可度量（measurable）：绩效指标应该量化或者行为化，这样才能通过绩效指标验证员工的实际表现，获得考核数据。

③A代表可实现（attainable）：绩效指标不能定得过高或过低，应该符合实际，在员工付出努力的情况下是可以实现的，否则只会打击员工的积极性。

④R代表相关性（relevant）：绩效指标应与工作内容、工作目标有关，且应该是达成工作目标的关键指标，HR在选择绩效考核标准时应该懂得取舍。

⑤T代表有时限（time-bound）：绩效指标必须具有明确的截止期限，可以是一个月、半年或一年，期限不同，指标定位不同。

3.2.3 绩效考核指标要合理

绩效指标是企业评估员工业绩好坏的依据，按照不同的分类方式可分为多种类型，具体见表3-6。

表3-6 绩效指标分类

分类方式	具体类型	
考核内容	业绩指标	以发生工作行为后的结果为导向设计考核指标，通过该指标能够看到员工努力的结果是否达到企业效益要求，非常直观，也是企业最在乎的一点。一般可从工作职责和工作目标中提炼具体的指标，有数量指标如销售额、销量；质量指标如合格率、返厂率；工作效率指标如缺勤次数、设备使用率
	能力指标	以岗位要求的工作能力为导向设计考核指标，可分为技术能力、创新能力、交际能力、学习能力等
	态度指标	以具体的工作行为为导向设计考核指标，员工的工作态度能够影响实际的工作行为，因此设计该类指标可以规范员工行为
指标属性	定量指标	指可以用数字展现的指标，分为绝对量指标（如销量）与相对量指标（如销售增长率）
	定性指标	定性指标无法用数据核算，HR需对考核内容进行分析，设置不同的工作情况作为考核指标或依据

绩效指标的设计应该遵循SMART原则，同时具备合理性。如何保证绩效合理性呢？可从以下四方面入手。

(1) 绩效目标合理

绩效指标以绩效目标为基础进行设计，绩效目标设计合理，就能从源头避免绩效指标的不合理。而绩效目标又该如何划定呢？首先需要设置企业的发展总目标，然后再分派到各个部门、层级，再具体到个人的工作目标上，见表3-7。

表3-7 绩效目标分解

企业年度发展总目标	核心业务	核心业务绩效指标	涉及部门
全年完成销售额×××元	销售管理	①零售销售额××元。②大客户销售额××元	销售部
全年完成销售额×××元	售后服务管理	①售后销售额××元。②客户满意度市场排名前十	售后部
	市场管理	①品牌市场影响力市场排名第三。②成功举行新品发布会	市场部
	经销商管理	①经销商店铺数量达到××家。②开展经销商能力培训活动	网络发展部
	人员管理	按区域分布和经销商配置的销售人员数量达××人	人力资源部

注意，企业高层管理人员在设计年度发展目标时，一定要结合市场规律及上年度的发展状况多加考量，不要上年度销售额为3 000万元，本年却设置8 000万元的销售额，大幅度提升绩效目标，只会增重企业负荷。

(2) 岗位绩效合理

不同的岗位层级，所要完成的工作有所不同，HR不能将管理层的绩效考核标准用于普通员工，一来普通员工没有这样的能力，二来考核结果大多无效，合格率极低，不过是浪费企业管理成本。

HR需要针对不同岗位层级，根据岗位工作内容，以及各项岗位工作数据，选择合适的绩效考核指标。如生产部普通生产人员，月最高生产量为1 000件，那么在采用"月最高生产量"作为绩效考核指标时，以800~1 000件作为考核数据就比较合适。

（3）期限合理

绩效考核要在一定的时间期限内进行，可以是月度、季度、年度，不同的期限对应不同的考核指标。随着期限的增大，绩效指标也应该有所提升，如月销量50件，季销量200件，年销量1 000件，这样是比较合理的，不能月销量50件，季销量便要达到500件，这有些强人所难。

（4）关键绩效指标合理

绩效指标可多可少，其中关键绩效指标是设计重点，权重占比高，效度高。只要明确关键绩效指标，考核指标也算初步定型了。

关键绩效指标简称KPI（key performance indicator），即考核工作的主要精力要放在关键的结果和过程上，围绕关键绩效指标展开。关键指标的设计一般经历以下四个步骤：

①明确企业的战略目标，找出企业的业务重点，以及对应的KPI。

②依据企业级KPI建立部门级KPI。

③进一步细分部门级KPI，并标出岗位职责的重要项目，以及岗位要求的重点技能。

④结合分解的部门KPI和岗位重点工作项目、岗位重点技能，建立个人KPI。

拓展贴士 信度和效度

绩效考核的信度是指绩效考核结果的可信度，只有考核机制规范化、标准化，考核指标科学合理，才能有效增加绩效考核信度。

绩效考核的效度是指绩效考核结果与实际工作绩效的相关度。HR要选择合适的考核方法和合理的指标，确保考核效度。

3.2.4　绩效考评常见的心理误区

HR在进行绩效考核时，能不能做到客观公正呢？相信很多HR都会觉得自己是专业的，当然能做到客观公正，但事实却不尽如人意，有时自己走入心理误区，还浑然不觉。下面来认识一下常见的绩效考核心理误区。

①近因效应：指最新出现的刺激信息促使新的印象形成。比如绩效考核人员对员工近期的绩效表现印象深刻，就可能忽略其之前的表现，近期表现好便

给予较高的评价，近期表现不好评价就非常低。这样容易否定员工之前的努力，或是忽略了失误与不足，难以做到客观。HR应该注意整体性，既然绩效考核是有时间期限的，就要以时间期限为准，结合期限内员工的整体表现给出评价。

②趋中效应：错误地将被考评者划为接近平均或中等水平，以避免有其他因素导致员工考评结果过高或过低的一种心理误区。当HR缺乏责任心，不想引起冲突，便有可能受趋中效应的影响，导致所有员工的考核结果趋于平均水平，难以分出优秀和较差的员工，也不能进行奖惩。

③拟己效应：即考核人员将员工的工作表现与自己相比较，与自己相似的员工，评价较高；与自己不同的员工，评价较低。考核标准以自己为主，就不是客观的考核指标。

④个性效应：考核人员的性格对考核结果有很大影响，如果考核人员性格宽厚，则可能放松考核标准，导致评分偏高；考核人员要求严格，则可能提高考核标准，导致评分偏低。

HR受心理误区影响，会使绩效考核结果有失公平，因此在设计绩效考核指标时，要注意主观评价的权重不能过高，最好在20%以内。

3.2.5　影响绩效评估的因素

绩效评估的最终结果会受到各种因素的影响，并非一成不变，因此绩效结果的客观性很难保证，除非全部采用量化指标进行考核。对于影响最终结果的评估因素，HR应该进行了解，并尽量避免这些因素带来的影响。常见的影响因素有以下五点：

①主观判断。考评者的主观判断容易受个人喜好、性格、价值观、情绪的影响发生很大变化。HR应该以更专业的态度投入工作，若是状态不好，可暂停考核，不要急于一时。

②考核者与被考核者的关系。考核工作决不能受私人关系的影响。若是因为私人关系好或有过节而导致考核评价完全不同，建议多人一组进行评价，减少此因素的影响。

③绩效考核标准与方法。选择不同的考核方式，设定不同的考核标准，绩效评估的结果当然会有很大差别。因此，绩效考核标准与方式的确定应该由专门人员共同商议，最好是成立绩效考核小组，保证绩效考核标准与方式的合理性。

④企业的重视程度。企业对绩效考核的态度会直接影响绩效考核的推行。如果企业看重绩效管理，那么员工也会认真对待，绩效管理的各个环节都会安

排妥帖，绩效评估结果的反馈作用也会明显；若企业只是搞形式主义，那么员工同样敷衍了事，评估结果多半不准确，也不能做到奖罚分明，刺激员工改变。

⑤各种心理误区。HR容易陷入各种心理误区导致绩效考核结果不准确。

3.3 用心理学缓解职场压力

职场压力是职场中由工作本身、人际关系、环境因素等诸多因素给个人造成的一种紧张感。压力过大或者这种紧张感过于持久，则会出现焦虑烦躁、抑郁不安等心理问题，乃至心理疾病。无论是HR自己，还是各部门员工，都应该想办法缓解职场压力，善用心理学知识，努力在企业内创造一个良好的工作环境。

3.3.1 职场压力不容小觑

职场人士难免会面对职场压力，有部分职场人士因职场压力已经不能保证正常的生活规律，同时，越来越大的职场压力对员工工作效率的影响也不容小觑。因此，企业HR要重视职场压力带来的影响，关心员工的心理状况，定期进行职场压力测试，帮助员工减压。

（1）压力来源

职场压力来自不同方面，HR只有充分了解，才能有针对性地改善，压力主要来源于以下四个方面：

①工作负荷：长期超负荷的工作，需要员工高效运转自己的脑力和体力，很容易导致身体机能损害，影响身心健康。

②人际关系：规模越大的企业，人际关系往往越复杂，员工身处其中不得不消耗精力应对各种人际交往，如上下级沟通、同事协作、团建活动。若是产生不和睦的情况，或员工需要做出违背本心的行为，会让员工觉得心理疲劳。

③职位升迁：员工有更好的发展，自然可喜可贺，不过与之而来的工作量和压力便更突出。越高层级的职位所承担的责任越重，若不及时调整自己的心态，很有可能被压力打垮。

④环境压力：在忙碌压抑的工作环境中，职场人士都向往自然原生态的环境。环境能够影响人的内心，在开阔的环境中人会感到心旷神怡，逼仄封闭的环境则会加深人的紧张、疲倦感，所以不要忽视环境带来的无形压力。

（2）职场压力测试

HR 要想知道员工是否被职场压力所影响，压力来自何处，可以设计职场压力评估表或职场压力评估问卷，定期测试，如一年一次，根据评估结果观察员工承受压力的状况。如下所示为某企业的职场压力评估问卷，可作参考使用。

实例分析 职场压力评估问卷

1. 每天工作很短时间后就感到身心倦怠、胸闷气短。（10分）
2. 工作情绪始终无法高涨，容易发脾气，但又没有精力工作。（5分）
3. 盼望早下班，为的是能够回家，躺在床上休息片刻。（5分）
4. 总觉得时间紧张，所以分秒必争，时间观念混乱，如走路和说话节奏很快。（5分）
5. 昨天计划的事今天怎么也记不起来，而且经常出现这种情况。（10分）
6. 感到情绪有些抑郁，莫名情绪低沉，常常发呆。（3分）
7. 三餐进食甚少或进食不规律，即使喜欢的菜也吃得很少。（5分）
8. 不像以前那样喜欢参加聚会，对各种社交没有兴趣，有勉强应酬的感觉。（2分）
9. 对城市的污染及噪声很敏感，更渴望清净，且容易烦躁。（5分）
10. 不愿走进办公室，觉得工作令人厌倦。（5分）
11. 担心工作不好，过于在意别人评价自己的工作表现。（10分）
12. 不想面对同事和领导，有一种自我封闭的倾向。（5分）
13. 晚上经常失眠，睡眠质量很糟糕。（10分）
14. 食欲低迷，体重有明显的下降趋势。（5分）
15. 空闲时，轻松一下也会觉得内疚。（5分）
16. 工作忙碌没时间吃饭，导致头痛、胃痛、背痛等毛病。（5分）
17. 睡觉时觉得思潮起伏，牵挂着工作的事，难以入睡。（5分）

测试须知：测试项目17条，共100分，在觉得符合的项目后打"√"，汇总分数，对应以下三个测试结果。

① 30分＜总分＜50分

表明职场心理状况已有一点不平衡，虽然压力程度不是很高，但可能导致工作缺乏动力。因此，有必要制订自我应对压力的策略和方法，如锻炼身体、改变认知、改善人际关系、调整情绪等。

② 50 分≤总分＜ 80 分

表明职场心理压力程度中等，不仅需要制订自我应对压力的策略和方法，还需要寻求外界帮助，如 HR、上级、心理医师，找到产生压力的原因，疏导调整。

③总分超过 80 分

表明可能处于一种抑郁或焦虑情绪障碍的状态下，最恰当的策略是咨询心理医生，获得必要的帮助。

（3）减压方法

人面对压力不能硬抗，而要想办法消解。针对员工的职场压力，HR 要懂得一些基本的减压方法。常见的减压方法见表 3-8。

表 3-8　减压方法

方　　法	具体介绍
建议员工休年假	员工在高负荷的工作中难以调整过来，就需要脱离工作环境，好好放松一下，不仅让身心得到休息，还能理清工作中的难点，找出更好的解决办法
制订健康计划	从生理上变得强壮，可以有效提高员工的抗压能力。HR 可以与员工一起制订健康计划，发送健康知识小册给员工，提醒员工注意健康饮食、锻炼、早睡早起。有的企业还会提供瑜伽室和健身房方便员工活动筋骨，或在茶水间提供一些营养冲剂或咖啡供员工补充能量
安排户外活动	为了避免员工长期在封闭环境中工作，可适当安排一些户外活动，如外出会见客户，举行户外会议，改变传统的办公模式和办公地点
更换岗位工作	若是员工实在无法适应现在的工作，HR 可依据员工的诉求进行调岗，重新安排适合员工的工作，改变环境和岗位，同时也改变员工的心境
有效沟通	HR 要用心倾听员工的压力，让员工一吐为快，不至于积压在心里

3.3.2　营造良好的工作环境

工作环境是职场人士工作范围的物理环境，包括办公室、工厂、车间等。该环境的条件，如办公室的大小、照明、通风、噪声等直接影响员工的工作状态，HR 需要尽力维持良好的工作氛围，具体如图 3-2 所示。

无论是客观环境条件，还是制度环境，维持合理与科学，员工才不会倍感压力，在最好的状态下工作，促进企业良性发展。

> **改善环境的客观条件：**
> 一个良好的工作环境，应该是安静、舒适的，企业应该保证这一基本要求，减少工作环境中的噪声，保持室内恒温、照明自然，这能使员工工作更集中，不易被打扰

> **合理的组织结构设计：**
> 企业内部的组织结构应该具备合理性，如依据工作量配备基层员工；管理层权力不宜过分集中导致集权化，员工难以做主；建立科学的晋升渠道，让员工可以学习深造，一步一步踏实地走，不至于背负过多压力

> **人岗匹配：**
> 员工做自己擅长的工作、适合的工作、喜欢的工作会更加游刃有余，心情也会更愉悦。因此，在前期，HR便可通过职业测评将员工安排到合适的岗位上去

> **开展学习和培训活动：**
> 员工面对高强度或极困难的工作难免力不从心，HR可以安排不同的学习和培训活动，针对员工工作中的问题进行讲解，帮助员工更好地适应工作节奏

> **建立良好的团队氛围：**
> 如果员工需要与同事协作工作，建立良好的团队氛围，能够让团队成员互相关心，一起沟通和解决工作中的困难。若是团队关系紧张，员工会显得孤立无援，只能自己闷头处理工作中的问题，承受压力

> **定期进行压力测试：**
> HR要随时了解员工的心理状况，表示关心，防患于未然，发现问题及时处理，才能将影响降到最低

> **设定合理的工作目标：**
> 无论是企业还是员工都应该清楚地认识自己，设置合理的工作目标，才能按计划有序完成，而不是高估自己的能力，设置过高的目标，为自己带来不必要的压力

图 3-2　创造良好工作环境的方法

3.3.3　激励员工从"心"开始

员工在不同工作时期，面对不同工作境况，会有不同的工作状态，可能一段时间工作状态良好，一段时间工作状态较差，HR要懂得激励员工，从心理

层面给予关注，让其对自己有信心。具体可从以下六点入手：

① HR 要看到员工的优点，并对其优点进行夸奖，多做正反馈，打开员工的心扉，让员工从心底深处接受 HR 的好意，从而获得工作的动力。

② 关注新员工工作状态，在前期多与其交流，这样新员工会觉得备受重视，进而更加看重自己的工作成果，不断提升自己。

③ 同一批入职的员工，可安排他们一起接受培训，同时上岗，这样新员工不会有孤立无援的感觉，遇到任何问题可以相互鼓励，相互交流，面对未知环境更有信心。

④ 直接表示支持与关心，告知员工"有任何困难，都可以随时联系我，我会尽己所能地帮助你"，用这样的话语带给员工安心感。

⑤ 在非工作时间也要时时传递友好与亲切，如在茶水间、电梯可主动与员工交流，告诉员工企业附近的早餐店、饭馆、咖啡馆、饮料店、超市等场所，让员工尽快熟悉周围的环境，消除紧张和陌生感。

⑥ 新员工入职一段时间后可安排一次考核，并提前让员工知晓考核时间，这样可以激励员工，小小的压力可换来大大的进步。

虽然激励员工能让其快速投入工作，但 HR 在实际运用以上技巧时，要分析每位员工的特点，有针对性地激励，才能产生心理引导的正效应。

3.3.4 如何了解员工满意度

员工满意度指一个员工通过对企业所感知的效果与他的期望值相比较后所形成的感觉状态，是员工对自身需要已被满足程度的感受。员工满意度可用公式表述：

$$员工满意度 = 实际感受 \div 期望值$$

有调查研究显示，员工满意度是和用户满意度呈正相关的，员工满意度提高，顾客满意度也会随之提高，企业员工满意度超过 80%，平均利润率将高出同行业其他企业 20%。

由此可见，员工满意度调查是一种科学的人力资源管理工具，可对企业管理进行全面审核。

员工满意度调查一般从薪酬、工作内容、晋升、管理方法、环境、工作群体、企业背景等几个方面着手，这也是影响员工满意度的要素。一般来说，员工满意度调查有两种方式——访谈调查和问卷调查，如图 3-3 所示。

```
        ┌─────────┐                      ┌─────────┐
        │ 访谈调查 │                      │ 问卷调查 │
        └────┬────┘                      └────┬────┘
             ▼                                ▼
```

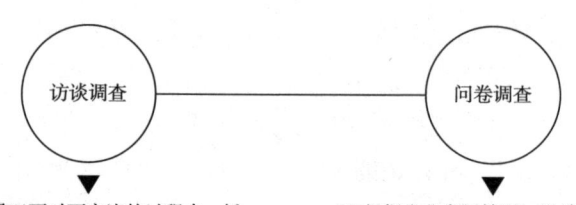

| 在HR与员工面对面交流的过程中，插入一些满意度调查内容，记录口头资料，观察员工的表现。此调查方式工作量较大，不宜对全体员工应用，随机选取一定数量的员工访谈即可。不过，其优势是直接、灵活、回答率高。HR可以事先设计好访谈问题和结构，也可以临时自由发问 | HR根据企业实际情况，设计员工满意度调查问卷，分发给各部门员工，定期收集数据，进行分析。此方式的优势是调查范围广，可结合访谈调查，效果更佳、更全面。问卷调查有开放性问卷和封闭性问答两种，问卷题目类型包括单选、多选、是非选择、自由提问 |

图 3-3　员工满意度的两种调查方式

下面以某企业的员工满意度调查问卷为例，来认识和了解员工满意度调查问卷的内容。

实例分析　员工满意度调查问卷

感谢您在20××年为企业发展做出的贡献，现对本年度员工满意度进行调查。问卷不记名填写，请您认真填写问卷，答案没有正确与错误之分。请将每题最符合您想法的选项字母写在题后的括号里。

一、企业的发展与管理

1.您觉得企业的制度建设和管理政策合理透明可执行吗？（　　）

A.比较合理，员工自行遵守　　　　B.不够完善，约束力不够

C.有些制度难以实施　　　　　　　D.我现在还没完全了解企业制度

E.不合理，只考虑企业利益，而不顾员工感受

2.您认为企业现阶段组织架构合理吗？（　　）

A.合理，适合企业目前现状

B.一般

C.不怎么合理，架构有些复杂，各部门有壁垒

D.不怎么合理，架构有些混乱，工作职责不清晰

3.您是否认同企业提倡的企业精神与价值观？（　　）

A.非常认同　　　　　　　　　　　B.基本认同

C.不确定　　　　　　　　　　　　D.不认同

E.极不认同（原因）：

4. 您对企业的发展远景有信心吗？（   ）

A. 很有信心　　　　　　　　　B. 基本有信心

C. 不确定　　　　　　　　　　D. 怀疑

E. 很悲观

二、工作环境与人际关系

1. 您是否认同您所在的工作环境是一个轻松、舒适的环境？（   ）

A. 非常认同　　　　　　　　　B. 基本认同

C. 不确定　　　　　　　　　　D. 不认同

E. 极不认同（原因）：

2. 您对所在的办公环境内的辅助设施（如卫生间、茶水间等）是否满意？（   ）

A. 非常满意　　　　　　　　　B. 基本满意

C. 不确定　　　　　　　　　　D. 不满意

E. 极不满意（原因）：

3. 您是否知道到哪里去寻找所需要的资源（如材料、设备等）？（   ）

A. 熟悉　　　　　　　　　　　B. 了解

C. 不确定　　　　　　　　　　D. 根本不知道

4. 您对同事之间的人际关系感到满意吗？（   ）

A. 非常满意　　　　　　　　　B. 基本满意

C. 不满意　　　　　　　　　　D. 极度不满意（原因）：

5. 您的领导是否会主动和您沟通，了解您工作中的困难？（   ）

A. 经常　　　　　　　　　　　B. 有时

C. 极少　　　　　　　　　　　D. 完全没有

6. 直接领导是否对您的工作提出了明确的要求？（   ）

A. 非常明确　　　　　　　　　B. 比较明确

C. 不明确　　　　　　　　　　D. 很模糊

7. 工作中，您遇到困难，您的领导是否会提供有力的支持？（   ）

A. 总是　　　　　　　　　　　B. 经常

C. 有时　　　　　　　　　　　D. 很少

E. 从不

8. 您的领导会定期就您的表现提出反馈意见吗？（　　）

A. 经常 　　　　　　　　　　　　B. 有时

C. 极少 　　　　　　　　　　　　D. 完全没有

9. 您与同事之间的沟通与交流状况如何？（　　）

A. 非常畅顺有效 　　　　　　　　B. 基本畅顺有效

C. 不确定 　　　　　　　　　　　D. 难沟通

三、个人工作情况

1. 您的领导是否在工作任务分配中下达简明扼要的命令与指示？（　　）

A. 几乎总是 　　　　　　　　　　B. 经常

C. 有时 　　　　　　　　　　　　D. 极少

E. 几乎没有

2. 您对相关部门在帮助您解决问题时的配合态度满意吗？（　　）

A. 非常满意 　　　　　　　　　　B. 满意

C. 比较满意 　　　　　　　　　　D. 不满意（原因）：

3. 哪类情形在您的部门比较多见？【最多选择5项】（　　）

A. 时间观念差

B. 注重形式

C. 领导"画饼"

D. 职能部门服务差

E. 经常不知道向谁汇报工作

F. 领导经常交办任务后不管不问结果

G. 其他：

4. 以下关于薪酬与生活的关系，哪个最接近您的实际情况？（　　）

A. 薪酬很高，自己的生活非常富足

B. 薪酬除维持基本生活外，有一定节余

C. 薪酬能够维持基本的生活所用

D. 薪酬太低，自己过得非常拮据

5. 您对企业公共福利政策及建设的看法是：（　　）

A. 做得非常好 　　　　　　　　　B. 有改善

C. 不确定 　　　　　　　　　　　D. 没什么改变

6. 您对企业薪酬制度对员工激励性的评价是:(　　)

A. 激励很大　　　　　　　　　B. 激励较大

C. 不确定　　　　　　　　　　D. 激励性不够

E. 非常差

7. 您认为企业薪酬所倡导的分配机制是:(　　)

A. 向勤奋及优秀的员工倾斜　　B. 按劳分配

C. 平均主义

8. 您认为以下哪三种方式能提高您的创造性?【请选择3项】(　　)

A. 及时对工作给予评价和奖励　B. 提高工资收入

C. 改善福利　　　　　　　　　D. 给予挑战性的工作

E. 给予更多培训机会　　　　　F. 给予职位晋升

G. 领导认可

H. 其他:

四、个人成长

1. 您希望得到何种方式的培训?【请选择3项】(　　)

A. 增加理论知识或操作技能授课　B. 部门内工作岗位轮换

C. 不同部门间调动　　　　　　D. 开展学历进修

E. 外派培训　　　　　　　　　F. 其他:

2. 您是否了解企业的员工晋升计划?(　　)

A. 非常了解　　　　　　　　　B. 较了解

C. 不大了解　　　　　　　　　D. 完全不知道

3. 您的职业倾向是?(　　)

A. 希望在目前这个方向一直干下去

B. 希望换一个更适合我的方向

C. 根据环境的变化可以调整工作

D. 没有想过

五、其他方面

1. 您对企业的整体满意度?(　　)

A. 90%～100%　　　　　　　　B. 80%～90%

C. 70%～80%　　　　　　　　　D. 60%～70%

E. 60%以下,哪个方面最不能忍受:

2. 您所在的团队是：（　　）

A. 销售部　　　　　　　　B. 采购部

C. 生产部　　　　　　　　D. 财务部

E. 行政部　　　　　　　　F. 人力资源部

G. 技术部

3. 您的职务是：（　　）

A. 合伙人　　　　　　　　B. 经理

C. 主管　　　　　　　　　D. 员工

4. 您的工龄是：（　　）

A. 试用期内　　　　　　　B. 4～12个月

C. 1～2年　　　　　　　　D. 2年以上

5. 您对企业管理有哪些建议？（10～150字）（　　）

6. 您对所在团队沟通、协作方面有哪些建议？（10～150字）（　　）

该员工满意度调查问卷共分为五个部分，包括企业的发展与管理、工作环境与人际关系、个人工作情况、个人成长、其他方面，考虑到了不同的影响因素，也是该企业最在乎的几个因素，可作参考借鉴。

3.3.5　职业倦怠期提前应对

一个人长期从事某种职业，在重复而机械的工作中，心理状态会逐渐发生变化，时常感觉疲惫、困乏，甚至是厌倦，工作积极性降低，这种现象就是人们所谓的职业倦怠期。具体表现如下：

①对工作失去兴趣，不在乎升职和发展，得过且过。

②情绪不稳定、易怒，对周围的人、事漠不关心。

③工作态度消极，面对客户越来越没耐心，影响工作成果。

④越来越不认可工作价值，经常迟到早退。

⑤讨厌工作内容和行业，考虑跳槽甚至转行。

那么，职业倦怠期是怎样形成的？一般来说，导致职业倦怠期的因素有以下三点：

①员工无法处理好团队中的人际关系，整体氛围不和谐，不仅对工作没有助益，还耗费员工的精力处理人际交往问题，长此以往，肯定疲惫不堪。

②工作量太大，几乎没有休息的时间。

③久不升职或久不涨薪，员工总是停留在原地，没有期望自然就没有干劲。

想要知道企业有多少员工在职业倦怠期，或是是否有职业倦怠倾向，HR可以定期组织职业倦怠测试，见表3-9。

表3-9 职业倦怠测试

认真阅读下列问题，请您根据自己的情况，选择符合情况的选项。其中，A是从未如此；B是很少如此；C是说不清楚；D是有时如此；E是总是如此。例如，第一题"对工作感觉到有挫折感"，如果您从未如此，请在括号中写上"A"	
1. 对工作感觉到有挫折感。（ ） 2. 觉得自己不被理解。（ ） 3. 我的工作让我情绪疲惫。（ ） 4. 我觉得我高度努力工作。（ ） 5. 面对工作有力不从心的感觉。（ ） 6. 工作时感到心灰意冷。（ ） 7. 觉得自己的工作方式不恰当。（ ） 8. 想暂时休息一段时间或另调其他职务。（ ） 9. 只要努力就能得到好的结果。（ ） 10. 我能肯定这份工作的价值。（ ） 11. 认为这是一份有意义的工作。（ ）	12. 我可以从工作中获得心理上的满足。（ ） 13. 我有自己的工作目标和理想。（ ） 14. 我在工作时精力充沛。（ ） 15. 我乐于学习工作上的新知识。（ ） 16. 我能够冷静处理情绪问题。（ ） 17. 从事这份工作后我觉得对人变得更冷淡。（ ） 18. 对某些同事所发生的事我并不关心。（ ） 19. 同事将他们遭遇到的问题归咎于我。（ ） 20. 我担心这份工作会使我逐渐失去耐性。（ ） 21. 面对民众时，会带给我很大的压力。（ ） 22. 常盼望放假，可以不用上班。（ ）
计分方法： 该测试包含了职业倦怠的三个方面：情绪衰竭（1~8题）、低成就感（9~16题）、人格解体（17~22题）。其中，9~16题为反向题，需要反向计分，即选A时计5分。其余题目正常计分，即A值1分，B值2分，C值3分，D值4分，E值5分。 将所有题目得分相加除以22得到平均分，分值代表测试者职业倦怠问题的严重程度。1分代表没有职业倦怠，5分代表职业倦怠问题很严重	

职场人士或多或少都会经历职业倦怠期，为了降低离职率，让员工对岗位工作始终保有兴趣，HR应提前预防职业倦怠期的产生，改善员工心理状态，让其充满信心和期待。具体可参考以下一些方法：

①岗位晋升机制。保证公平畅通的岗位晋升机制，时时改进更新，让员工看到晋升的具体方法，充满干劲。

②绩效考核。通过绩效考核，让优秀人才多劳多得，积极地投入工作。

③岗位轮换。建立岗位轮换制，有计划地安排员工轮换担任若干种不同工作，可达到考查员工适应性、开发员工能力、在职训练、培养主管等多种目的。对员工来说，通过轮岗，能找到适合自己发展的位置，进一步了解个人潜能，对工作产生新鲜感，在新的岗位上保持学习的动力。

④反馈和激励。对员工的工作表现和成果，企业应多加重视，及时沟通反

馈，让员工认识到自己的优缺点，不断进步，在工作中愈发游刃有余。

⑤了解员工需求。了解并尽力满足员工的真实需求，如工作环境舒适、少出差等，缓解员工对工作的不满。

⑥情感联系。组织团队旅游、聚餐等活动，加强团队的情感联系，在融洽的团队氛围中建立员工的舒适区。

3.3.6 雷尼尔效应吸引人才

雷尼尔效应指为了美好的景色而牺牲获得更高收入的机会。该效应来源于美国西雅图华盛顿大学的一次风波，华盛顿大学准备修建一座体育馆，结果遭到了教授们的反对，原因是体育馆一旦建成，恰好挡住了教职工餐厅窗户外的美丽湖光。因为在华盛顿大学教书可以享受到湖光山色，所以很多教授愿意放弃更高收入，留在华盛顿大学任教。

这种经济效应也给企业 HR 带来了启示，其实，薪酬并不是唯一吸引员工的条件，HR 应该善于发现企业的特色，开发这一特点，自然能吸引员工。如有的企业员工餐美味又营养，有的企业开办内部托儿所，让有小孩的员工能够无后顾之忧。

除此之外，企业文化也是很多人才看重的"湖光山色"。如有的企业采用等级森严式的管理方式，内部环境压抑，然而，有的企业则采用不同的管理方式。某企业董事长就是一个打破等级壁垒的人，在企业经营业绩不佳的时候，他时常下到一线，与工人交流，听取每个一线员工的意见。不仅如此，他还经常慰问员工，组织聚餐活动，了解企业生产的真实状况。随着企业内部环境的改变，员工的心境也完全不同了，变得干劲满满，结果不到两年，这家企业就转亏为盈，且在人才市场中竞争力十足。

通过认识"雷尼尔效应"，HR 要懂得创造别具一格的"湖光山色"，为企业吸引人才，留住人才。

第4章

HR如何与招聘候选人沟通

企业展开招聘活动，需要经历前期准备、面试、入职、转正等一系列流程，为了更好地传达有关信息，HR 要了解沟通的基本技巧，明确沟通的重点内容，才能有效推进招聘活动。

4.1 电话邀约要表述清楚

企业招聘期，HR 开始变得无比忙碌，要发布招聘启事、筛选简历、邀请候选人前来面试、主持面试活动、确定面试结果……一系列面试活动中，HR 要与许多人进行交流，这对 HR 的沟通能力是种考验。从电话邀约面试候选人开始，HR 要注意哪些问题，运用哪些沟通技巧呢？

4.1.1 先表明身份

HR 通过电话邀约候选人前来面试，第一步便是说明来意和身份，在知道对方方便接听电话后，再继续进行更为具体、细致的沟通。开门见山表明自己的身份，可以免除诈骗电话或骚扰电话的嫌疑。HR 在向候选人表明身份时不要忽略以下三个注意事项：

①所谓 HR 的身份，主要包括企业名称、个人职位与姓名这几项基本信息。

②企业名称一定要表达清楚，让候选人掌握关键信息。因为候选人对 HR 的姓名没有印象，但对投递过简历的企业一定有印象。

③可向候选人说明简历来源，如招聘网、企业邮箱、企业官网等，获得对方的信任。

下面通过四个不同的对话示例，来了解 HR 如何介绍自己。

实例分析 表明身份信息（示例 1）

HR：喂，您好，我是 ×× 公司的 HR 周 ×。

候选人：你好。

HR：请问您是吴 × 女士吗？

候选人：是的。

HR：我们在 ×× 招聘网上收到您投递的简历，您还记得吗？

候选人：哦，是的，我有投递简历。

实例分析 表明身份信息（示例 2）

HR：喂，您好，请问是黄 × 先生吗？

候选人：是的，请问你是？

HR：我是 ×× 公司人事主管，我姓刘，您现在说话方便吗？

候选人：方便，您请说。

HR：3 月 9 日，您在 ×× 招聘网上向我司投递了简历，您还记得吗？

候选人：没错，是有这么一回事。

实例分析 表明身份信息（示例 3）

HR：喂，您好，我是 ×× 公司的人事专员陈 ×，请问您是李 ×× 女士吗？

候选人：是的。

HR：您现在说话方便吗？

候选人：不好意思，我现在正在处理个人事务。

HR：抱歉，打扰了，请问您什么时候方便？我之后再致电。

候选人：半小时后就可以了。

实例分析 表明身份信息（示例 4）

HR：喂，您好，请问是王 × 女士吗？

候选人：是的。

HR：我是 ×× 公司的人力资源主管杨 ×。

候选人：你好。

HR：据张×女士介绍，您拥有多年××行业采购经验，最近在考虑换工作，不知道您有没有兴趣来参加我们公司的面试？

4.1.2 约定面试的基本要素

在 HR 表明自己的身份和来意后，双方就可以对面试活动的各项基本要素展开交流。首先确定候选人目前还在找工作，然后对此次面试的职位、岗位职责、面试时间逐一说明。在此交流过程中，HR 需要注意以下一些事项：

①让候选人了解招聘岗位的主要职责，内容应精炼，体现出岗位核心。

②确保双方对招聘职位理解一致。

③清楚候选人的求职意愿，约定好面试时间，包括具体的日期和时间。

④面试期限供候选人选择，如 3 月 10 日至 3 月 20 日的工作日，可有效提高邀约成功率。

⑤面试时间段以 24 小时制表示，如 13:00—14:00。

下面为一些具体的对话示例，可做参考。

实例分析 讨论面试要素（示例1）

HR：陈先生，您现在还在找工作吗？

候选人：是的，目前还在找工作。

HR：您在××招聘网上申请的是本公司的广告创意设计师，从简历上看，您有两年的平面设计工作经验，那么您应该对应聘岗位职责非常了解？

候选人：是的，主要负责广告创意设计，进行项目所需物料设计，还有图文处理，完善提案。

HR：陈先生，我们公司是快销类广告线下执行公司，主要业务涉及活动执行、品牌设计创意、文案创意、会务会展类。这点您清楚吗？

候选人：我有大致的了解。

HR：那您有兴趣参加我们的面试活动吗？

候选人：当然。

HR：您最近有时间吗？

候选人：哦，有的。

HR：您在4月6号能来公司面试吗？

候选人：没问题。

HR：我们的面试时间在14:00—17:00。

候选人：好的，我知道了。

实例分析 讨论面试要素（示例2）

HR：从您的简历信息，我大致了解您的工作经验和个人能力，很符合我们应聘的岗位，您上一份工作具体是什么呢？

候选人：我主要负责软件产品的开发、设计和编码，对开发的模块代码质量和稳定性负责。

HR：哦，这样啊，那与我公司职位要求差不多，不过我们主要参与医疗保险行业内的相关产品研发，不知道您有兴趣吗？

候选人：我想我能够胜任这类工作。

HR：那太好了。

HR：张女士，近期能来我公司面试吗？双方都能对彼此有进一步的了解。

候选人：这两天可能不太方便。

HR：我公司面试活动安排在3月9号、10号、11号和12号，您可以选择时间方便的日期前来面试。

候选人：我10号有空，可以参加面试。

HR：好的，请您于3月10号9点至11点来本公司参加面试。

候选人：好的。

HR：稍后我会将注意事项发送到您的邮箱，请注意查收。

候选人：谢谢。

4.1.3 为候选人答疑解惑

一般来说，HR确定候选人的求职意愿，并约定好面试时间后，电话邀约便告一段落。但也可能出现候选人有其他问题或者感兴趣的话题想要继续讨论，这时HR应该尽量为候选人答疑解惑。

如果候选人提出的问题 HR 回答不了，应表示抱歉，并告知候选人可在面试时提出，由面试官进行解答。不过，这种情况非常少见，候选人一般会询问两类问题，一是与薪资有关的问题，二是与企业福利有关的问题。这些问题对 HR 来说再熟悉不过，但在回答时要注意，凡事不能说得太绝对，大概介绍企业的岗位薪酬范围和基础福利即可，千万不能出现"只要入职，月薪可达到 8 000 元"类似的话语。

很多企业中员工的实际薪资要综合员工能力、经验、工龄和业绩来确定，并非固定，一开始便说定，之后便没有回转的余地了。

下面来看 HR 面对这两类问题时相关的谈话示例。

实例分析 候选人询问薪酬待遇

HR：那么，您还有什么想知道的呢？

候选人：我想知道我应聘的岗位薪资待遇如何？

HR：我公司的市场营销岗位采用"基本工资＋提成"的模式来定薪，市场营销人员的基本工资每月是 3 000 元。至于提成如何计算，我不是很清楚，您可以在面试中提出来。

候选人：那贵公司市场营销的平均工资大概是多少呢？

HR：嗯，每月平均工资大概在 5 000～8 000 元。

候选人：好的，我了解了。

实例分析 候选人询问福利

候选人：等一下，我想知道贵公司提供哪些福利？

HR：我们公司按照国家法律规定为员工购买社保和公积金，正式入职后就会为您办理相关手续。

候选人：除了社保和公积金呢？

HR：除了基本福利，本公司还提供定期体检，一年一次公费旅游，节假日礼物，夏季高温福利，以及餐补。

候选人：每个员工都能享受吗？

HR：基本上正式员工都能享受，有时绩效较差的员工会取消有关福利，具体依照公司绩效考核制度而定。

候选人：好的，我知道了，谢谢。

4.1.4 邀人面试用上技巧

HR邀人面试可能不会如想象的一般顺利，可能遇到对方已找到工作的情况，或是直接挂电话，语气不耐烦等，HR应提前预计到这些问题，并有所准备，想好处理方式。

以下一些实用技巧可供参考，帮助HR以不变应万变。

①准备好候选人的简历，再开始电话邀约，对于简历中不清楚或有疑问的信息，可在电话中提出询问。

②向候选人表现自己的专业，如准备充足，提前了解候选人的基本情况，了解清楚招聘岗位的基本职责和要求。

③针对候选人的优势，适当提及，表示认可，拉近双方距离。

④懂得"虚张声势"，有时为了吸引更多优秀的候选人，HR可以透露企业的优势，如招聘范围广、面试人数多、面试流程专业，这样候选人会更加重视。

除此之外，HR在面对不同类型的候选人时，要懂得依据不同的态度给出对应的沟通方式。要知道候选人的态度反映了他们的内心，只有看透他们的内心，才知道该如何说话，如何与之沟通。

根据候选人的态度，可将其分为以下五种类型：

（1）敷衍型

敷衍型候选人语气敷衍，回答简短，没有多余的信息，求职意愿模棱两可，与HR交流也不太用心。此类候选人要么对工作不上心，要么最近状态、情绪较差。对于前者，HR不用再浪费时间，直接结束对话即可；对于后者，HR还可以做进一步努力。

实例分析 应对敷衍型候选人

某互联网科技公司最近要招一批新的Java开发工程师，所以在某招聘网站上发布了招聘启事。招聘启事发布后，陆续收到一些简历，经过HR的筛选，锁定了十名候选人，进行面试邀约。一天上午，人事专员杨某拨通了候选人黄某的电话。

"喂。"对方声音含糊，听起来没有精神。

HR说："您好，我是××公司的人事专员，我姓杨，您之前在××招聘网站上向我公司投递了简历，您还记得吗？"

"嗯，对，你说。"对方的回答漫不经心，好似刚睡醒，对 HR 的身份并不敏感。

面对以上情况，相信很多 HR 都会觉得被怠慢，难以继续下面的交流，不过越是这样，HR 越要展示出自己的专业性，不失体面地推进交流。HR 可通过下面的问句试探候选人的心态，或是自然结束对话。

"请问您现在讲话方便吗？如不方便我们可以另约时间。"

HR 抛出这个问题，一般会收到两种回答，一是职业式，这类人员虽然最近状态或情绪不好，但仍然重视求职活动，因此会继续展开与 HR 的交流，回答："我现在有空，您请继续。"或"如果可以，请约在明天吧，谢谢。"

二是闲散式，这类人员不在乎工作，只想尽快结束对话，一般回答"嗯，好吧"或"嗯，再见"。

（2）回避型

回避型候选人总是不愿意直面 HR 的问题，顾左右而言他，让 HR 难以捕捉到对方的心理。这时候，HR 最好直接说明自己的身份、来意，邀请对方参与面试。如果其不能爽快答应，即刻放弃。

通过下例来认识这类型候选人。

实例分析 与回避型候选人对话

HR：请问您对我公司的岗位感兴趣吗？

候选人：我对该岗位比较熟悉，也一直是做这行的。

HR：根据简历信息，您取得了××资格证是吗？

候选人：嗯，是。

HR：哦，那您方便 4 月 4 号过来参加面试吗？

候选人：这我不太确定，到时可能有别的事。

HR：这样的话，我们还有两场面试定在 6 号和 8 号，您可以自行选择。

候选人：嗯，我这段时间的安排都不好说。

HR：您的意思是您无法确定参加面试，对吗？

候选人：这……要看情况。

HR：那我不打扰您了，再见。

（3）自大型

自大型候选人有可能本身能力出众，也有可能是眼高手低，HR 应该区别对待这两种类型。对于第一种，HR 应该进一步了解候选人能力和工作经验，尽力邀请对方参加面试；对于第二种，HR 不要将提高面试率的机会放在其身上，对方能来面试则来，不能来便就此作罢。

由于自大型候选人的态度较自以为是，常打断 HR 的话，HR 一定要保持专业，排除对方的干扰，完整表达自己的意思，完成此次对话。对于候选人在沟通中的表现及态度，还可以顺便记录在简历上，供面试官参考。

下例所示为 HR 与自大型候选人的对话。

实例分析　与自大型候选人对话

候选人：喂，有什么事？

HR：您好，我是××公司的人事周×，您记得之前向我们公司投递了简历吗？

候选人：嗯，没错。

HR：您申请的是美术指导岗位，请问您方便来参加面试吗？

候选人：这个吗？我看你们的招聘启事上写得不太清楚，这个岗位具体要干些什么？

HR：美术指导主要负责美术创意设计、制作的指导工作，协助文案及相关工作人员，将创意从概念通过视觉表达发展成具体的设计。您还有疑问吗？

候选人：你们薪资那项写的是 8 000～10 000 元，那到底是 8 000 元还是 10 000 元呢？少于 10 000 元那就没什么好说的了。

HR：薪资问题不是由人事部门决定的，您可以在面试时进一步沟通交流，我们的面试时间在 10 月 12 号～15 号，您看您哪天方便能来参加面试呢？

该案例中，候选人全程心浮气盛，对参加面试兴趣一般，对薪酬十分看重，可见并不是诚意十足的求职者。这种情况下 HR 更要不卑不亢，不用表现得太热情。

由于这类候选人较为强势，在对方插话或提问时，HR 可先回答对方的问题，然后继续回到自己的表达上，结束对话。

（4）热情型

热情型候选人在接到 HR 的电话后，表现非常热情，非常看重此次面试机会，HR 面对这类型的候选人是最省心的，只需要简单说明面试信息，提醒候选人一些注意事项即可，如下例所示。

> **实例分析** 与热情型候选人对话

HR：喂，您好，我是××公司的HR张×，您是刘×先生吗？

候选人：您好，是的，我是刘×。

HR：您近期是否申请了我公司的外贸助理岗位？

候选人：是的，没错没错。

HR：您可以在5月6号前来我公司参加面试吗？

候选人：好的，没有问题，是5月6号吗？

HR：没错，5月6号上午10点。

候选人：我一定准时到。

HR：好的，刘先生，待会儿我们会将具体的注意事项以短信的形式发送到您的手机上。请您仔细阅读，如有任何疑问可立即咨询我。

候选人：好的，我会注意查收的。

（5）专业型

专业型候选人应该是HR比较喜欢的一类，此类人员逻辑思维强，言之有物，能迅速理解谈话的要点，对自己的职业有规划，对投递岗位也非常了解。

HR在与专业型候选人对话时，不必将重点放在谈话技巧上，也不要浪费时间寒暄，而应围绕工作能力、岗位要求深入交谈。

下例所示为HR与专业型候选人的对话。

> **实例分析** 与专业型候选人对话

HR：喂，您好，我是××公司的人事专员，我姓赵，您是李×先生吗？

候选人：是的，您好。

HR：您昨天向我们公司投递了造价工程师的职位，对吗？

候选人：是的，我毕业于××大学，大学毕业后便从事工程造价相关工作，并取得了二级造价工程师职业资格证。在投递简历前，对比了多家公司，觉得我能胜任贵公司的岗位要求。

HR：我们公司需要造价工程师负责招投标工作，制作标书及成本测算工作，您对这些方面有了解吗？

候选人：当然，我之前就已经很熟悉这些工作了，并且熟悉工程造价相关的法律法规。

HR：好的，那您近期方便来公司面试吗？

候选人：请问具体是哪一天呢？还有具体的时间是？

HR：后天，也就是5月13号，上午9:00。

候选人：可以，没有问题。

HR：稍后我会将面试信息以短信的形式发送到您的手机上，请您仔细阅读，如有任何疑问可电话咨询我。

4.1.5 完善邀约细节

对于HR来说，面试率是一项重要的工作数据，是面试邀约结果的一个具体表现。若是一共邀约20人，却只来了8个人，面试率还未达到50%，就说明HR的工作没有做到位。

相信很多HR也不明白为什么答应前来的候选人，面试时却又未现身。HR应该从电话邀约的各环节入手，不断完善对话细节，将信息表述清楚。具体可从以下四方面入手：

①注意措辞。为了展现企业的面貌，HR应注意措辞，以清晰、简单、直接为原则，少用语气助词，一句话说过便不再重复，除非对方确认。

②按流程沟通。HR应提前设计电话邀约的基本流程，将需要说明的内容逐一传递，以防随机发挥，对话节奏混乱，让对方搞不清重点。常见的电话邀约流程为：自我介绍→确认对象→确认职位→询问工作经历→邀请面试→确认面试时间→答疑。

③慎谈敏感话题。求职中较为敏感的话题有性别歧视、年龄歧视、薪资问题、私人问题，HR不要主动提起这些话题，给人留下不专业的印象。如果候选人问起薪资问题，HR也不要做过多解释，表明以招聘启事为准，将薪资问题留到面试环节。

④面试路线。按理说，招聘启事中会写上企业地址，候选人可在网上查询路线。但为了方便候选人前往，HR可通过短信发送面试乘车路线，提供多种途径供其选择，如此面面俱到，更让候选人看到企业的人性化。

除了以上注意事项，还有一些小细节需要HR了解，能有效提高候选人的兴趣。

①接通电话后立即确认对方是否方便接听电话。

②在对话中有意无意提到企业的规模和优势。

③告知候选人经过初选，可以进入面试阶段，无形之中传递了企业招聘是有门槛的，这样候选人也不会轻视面试机会。

④对于最终确定的面试日期和时间，HR 可重复一次进行强调。

⑤用短信发布面试信息时不能出错，多次核对。

⑥面试当天早些时候可以用电话或短信提醒候选人，不要忘了当天的面试。

⑦当天面试结束后，对没有参加面试的候选人进行复盘，再次致电了解其未参加面试的原因，方便日后不断改进自己的工作。

> **拓展贴士** 记录电话邀约关键内容
>
> 结束一次电话邀约，HR 应随即记录此次通话中的重点内容或值得注意的地方，包括确定的面试时间、候选人的态度、表现等，可作为面试环节的参考内容，帮助面试官进行判断。

4.2 面试环节巧提问

进入面试环节，HR 作为面试官中的一员，应如何了解候选人的综合能力及真实心理呢？这时需要用到一些提问技巧和方式，以得到我们想要的信息。

4.2.1 什么是结构化面试

结构化面试指根据招聘岗位的胜任需求，按照固定的程序，设置专门的问题库、评分标准和评分方法，通过面试面谈等方式，对候选人进行评估，判断其是否符合招聘要求。结构化面试有客观、量化的特点，具体表现如下：

①面试题目系统：为了考核候选人是否能胜任招聘岗位，HR 联合部门负责人对岗位进行深入分析，罗列工作中的优秀事迹与不良事迹，总结工作所需知识、技能、品质，形成面试题库。

②统一评估流程：面试同一岗位，每位候选人的面试题目、提问顺序等都一致，尽量从程序上保证公平、公正。面试的提问顺序一般有两种，一是由简易到复杂进行提问，二是由常规内容到专业内容进行提问。

③统一评价标准：针对考核题目，自然有对应的评分标准，每位面试官都按照统一的评分标准打分，并计算最终得分。

④多名面试官：面试官的人数至少在两人，大中型企业面试一般可设置 5~7 名面试官。面试团队的人选根据招聘岗位、部门、职务、年龄及性别等因素合理安排，可设置一名主考官，负责管理及做出最终决定。

图 4-1 为设计结构化面试的四个基本步骤，可作参考。

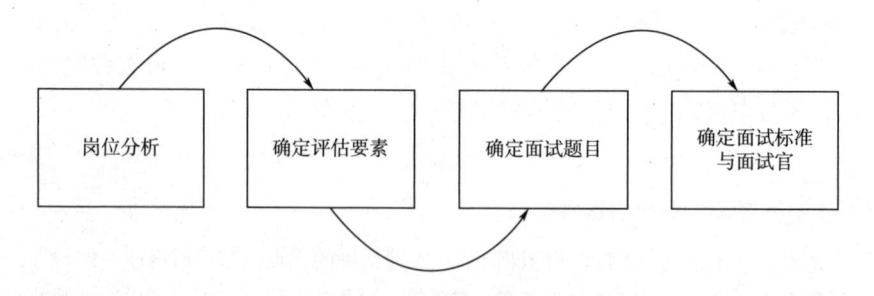

```
岗位分析 → 确定评估要素 → 确定面试题目 → 确定面试标准与面试官
```

图 4-1　设计结构化面试的四个基本步骤

结构化面试一般分为两种类型——行为描述性面试和情境性面试，如下所述。

行为描述性面试。基于"过去的行为是对未来行为的最好预测"理论，HR 可以通过候选人对自己行为的描述，了解两方面信息，一是候选人过去的工作经历，进而预测其在本企业会有的表现；二是了解其对特定行为所采取的行为模式，并与空缺岗位所期望的行为模式进行比较分析。HR 需要引导其对某一行为过程进行描述，在设计具体问题时，要重点分析胜任特征行为。

情境性面试。情境性面试依照目标设置理论，通过给面试者设置一系列工作中可能会遇到的事情，并询问其解决方式，来鉴别候选人与工作相关的行为意向。与行为描述性面试一样，进行情境性面试首先要进行工作分析，核心是关键事件，通过对关键事件分析得到胜任特征，以测试面试者能否胜任未来的工作。

下面通过一个案例来展示结构化面试的流程和题目类型，HR 可简单了解一下。

实例分析　分阶段进行结构化面试

3 月初，××贸易公司开展春季招聘会，打算招聘三名 UI 设计师，为公司打造全新的用户界面，获得更多国外客户的青睐。HR 黄×作为此次招聘活动的面试官之一，在面试前一周，便与设计部有关负责人一起设置面试的问题题库。

题库分别从行为、情境和认知三个方面对候选人进行考核，将面试提问环节分为四个阶段。每个阶段围绕相应的主题，设置了问题题目、考核要点和得分点。面试当天，黄×根据事先设置好的题目向候选人提问。

第一阶段为了解候选人（表4-1）。

表4-1 面试问题（一）

面试问题	考核要点
请你简单介绍一下自己，可以吗	在面试最开始提出较为简单的问题，缓解候选人的紧张心理，通过候选人的自我介绍能看出其表述能力、概括能力及逻辑思维
可以简单谈谈个人性格方面的优缺点，以及对招聘岗位的影响吗	主要考核候选人是否了解自己，并参考其给出的性格特点，与岗位胜任特征对比，看是否契合
以前的同事是怎样评价你的呢	侧面考察候选人的人际交往能力
请问你平时有什么业余爱好吗？简单说几个	侧面了解候选人性格
你觉得自己在哪些方面与其他人不同呢	侧面了解候选人的特殊之处，以及候选人的自我认知
如果让你选择五个形容词来描述自己，你会选择哪五个呢	考验候选人的概括能力、语言能力
你觉得自己的个性是什么样的	侧面了解候选人的自我认知

第一阶段的面试问题，主要着眼于候选人本身，其回答并无对错，答案也较灵活，因此并未设置评分标准，该阶段的分值权重不高，占总分的10%（第一阶段最好选三个问题提出，不宜过多）。

第二阶段围绕候选人的个人品质进行考核，问题有如下一些（表4-2）。

表4-2 面试问题（二）

面试问题	考核要点	得分点
在你的成长过程中，谁对你的帮助和影响最大呢？可以展开讲讲	了解候选人的重要经历，以及其是否具有感恩之心，是否真诚	1.以实例佐证答案。 2.故事合理，不是模板套话
在你的上一份工作中，有没有给其他同事添过麻烦？如果有，你是怎么做的	了解候选人的工作态度，以及人际交往能力	1.叙述清楚前因后果。 2.个人有弥补行为，句式为"我通过……来弥补/回报他"

续上表

面试问题	考核要点	得分点
在你上一份工作中，你的同事有没有给你添过麻烦？如果有，你是怎么做的	考察个人处理冲突的能力，是否愿意与同事协作	有过，我总会尽全力帮助他……
你不喜欢在工作中遇到哪一类型的人，为什么	考察亲和力、人际交往能力、团结协作能力	1. 没有什么讨厌的类型，除了人品低俗的人。 2. 列举太多类型的不计分

第三阶段主要针对候选人的自我提升和学历能力设置对应题目（表4-3）。

表 4-3　面试问题（三）

面试问题	考核要点	得分点
你每周用于自我提升的时间有多少呢	考察其是否有上进心，是否认真努力	五个小时以上
你有没有具体的职业规划	考察候选人是否有远见，是否勇于行动	有，规划是可实现的，并且分步达成
你有没有长期坚持的一项活动	考验其毅力	有，比如体育运动、画画或看书等

第四阶段为最后一个阶段，主要对候选人的工作能力进行了解（表4-4）。

表 4-4　面试问题（四）

面试问题	考核要点	得分点
你能描述一下自己的管理思想吗	了解候选人是否具有领导能力，以便确定日后的发展及升职方向	管理者应为员工提供资源和环境，借以达成统一的目标
请问你使用过sketch设计软件吗？该设计工具有哪些优点和缺点	考察候选人对一些常用设计工具是否了解，是否熟练掌握设计工具的使用	当然用过，清楚明白地解释，并有具体的工作案例
对于这份工作，你有哪些可以预见的困难？你准备怎么做呢	考察候选人对岗位工作的熟悉度，以及工作能力	列举出问题，并有应对之法。若无应对之法扣分，没有想法不计分

HR根据评分标准（评分标准比得分点更为详细），对候选人的每个问题进行打分，综合各位面试官的打分情况，按照分数高低录取合适的人选。

上例展示的是结构化面试的基本模式，通过考核项目设计对应题库，对候选人统一提问，统一计分，最后按分数高低选择能力更为出众的人员。结构化面试可与其他面试方法结合使用，HR 不必拘泥于一种。

> **拓展贴士** 面试的结构性
>
> 面试的结构性主要从三方面体现：
> ①面试流程应具备结构性。HR 需要设计起始阶段、核心阶段、结尾阶段，每个阶段的考核内容、目的与形式都应有所侧重。
> ②面试题目具有结构性。围绕不同的考核项目或考核点，考核题目应该不同。
> ③评估标准具有结构性。针对不同的考核题目，应该有对应的考核标准和等级，且对每位候选人，每位面试官应采用统一标准。

4.2.2 简单认识半结构化面试

半结构化面试是介于非结构化面试和结构化面试之间的面试方法，结合了两种面试方法的优点，既有结构性又有灵活性，但同时，面试的有效性降低，面试结果受主面试官影响变大。半结构化面试有两种面谈方式，如下所述：

① HR 针对岗位工作的重点考核项目设计几个关键问题，面谈时可根据具体情况改变提问顺序，且在面试过程中根据对方的回答进一步提问，充分体现灵活性。

②根据岗位工作的特性，事先设计一系列问题，在面试中有选择性地提出。

半结构化面试的基本步骤有三步，分别是面试准备、主持面试、评估面试结果，如下所述：

①面试准备。在面试开始前，对招聘岗位进行分析，确定重点考核项目，设计面试题目及评分标准表。

②主持面试。与其他面试官一起主持面试，控制面试进程。由于半结构化面试更为灵活，所以 HR 要注意把握面试节奏。

③评估面试结果。依据面试记录，与其他面试官一起讨论、分析，得到最终的面试结果。

银行招聘面试时常采用半结构化面试，下面通过具体的案例了解半结构化面试。

实例分析 银行招聘采用半结构化面试

××商业银行进行秋招，针对银行招聘的各个岗位，HR 陈×准备了一系列面试题目，以应对即将到来的面试活动。在面试综合柜员岗的当天，HR 按照以下流程对候选人张×进行提问。

首先，HR 让张×做一个简单的自我介绍，限时一分钟。张×从毕业院校、专业和实习经历等方面介绍自己，并突出胜任招聘岗位的优势。HR 结合张×的自我介绍和个人简历，确定答案的真实性，并对感兴趣的地方进行提问。

由于张×的专业并不对口，因此 HR 提出疑问——"你的专业和银行业并不对口，为什么想来银行工作呢？"（得分点为突出竞争优势）

然后对其求职意愿进行提问——"你在选择银行工作的时候是自己决定的，还是听取了同学或父母的建议？"（得分点自己的决定，并且不会随意改变）

接着对候选人的前瞻性进行考察——"进入职场后，你认为埋头工作更重要还是不断提升自己更重要？"（得分点为都重要，并进行说明）

最后 HR 就张×的实习经历展开提问，进一步了解张×的工作能力、工作态度。

上例所示半结构化面试的题目有事先设定好的，也有随着话题展开的。HR 可借鉴表 4-5 所示的面试题目进行半结构化面试，并根据行业与岗位做适当修改和筛选。

表 4-5　常见的半结构化面试题目

题目类型	题目	得分点
保密意识	在你的上一份工作中，你是否遇到过因员工个人问题而泄露公司机密的？为什么？（如果没有，请问公司有哪些保密措施？）	优：回答真诚，并分析了原因，重点提到员工保密（信息）的重要性。 良：回答比较诚恳，有原因分析，不过没有重点。 差：回答有破绽，并未说出什么实质原因
	能介绍一下以前公司在本市同行业中排在什么位置吗？资金状况如何	优：意识到这是前公司的公司机密，然后委婉地表明自己的立场，并会遵守基本的职业道德。 良：意识到这是前公司的公司机密，不过透露了一些不重要的商业信息。 差：没有任何忌讳，直接将前公司的商业信息全盘托出

续上表

题目类型	题目	得分点
表达能力	请用一分钟做一个简单的自我介绍	看其发挥给出评分
	可否谈一谈你过去学习、生活或工作中最有成就感的一件事	看其发挥给出评分
组织协调	如果公司要举办一项活动（联谊、技术交流），你要怎么完成这个任务	优：计划周全，并协调各项资源，能组织各员工共同完成工作。 良：有比较周全的计划，不过资源利用不足。 差：没有计划，走一步算一步，不认可工作人员的合作
	如果有紧急工作，领导需要你在三天之内完成平时一周才能完成的工作，你打算怎么做	1. 分析工作，对完成工作必须要做的事进行罗列，并分出先后顺序。 2. 对于哪些工作可缩短进度进行标注。 3. 安排能够缩短进度的工作的用时。 4. 如确有困难，向领导提出解决方案，获得领导的帮助。 5. 需要哪些资源，向领导提出
人际交往	如果你得到领导的器重，获得了很多工作机会，引起同事的不满，你该怎么办	优：从利于工作和同事关系两方面考虑问题，向领导建言，推荐合适的人才完成合适的工作。 良：能理解并包容同事的一些微词，并在适当的时候向领导委婉表达自己的立场。 差：无所谓，人际关系不重要，自己能力强，所以能做更多工作
	同事找到你的工作缺点并向领导汇报了，你要怎么做呢	找机会与他进行沟通，感谢他的有心，并尽快改正自己的不足
	行政助理打碎了会议室的花瓶，你看见了会说些什么呢	1. 先向领导报告吧，他会来解决的（为人细致，不急躁，但有时会弄巧成拙）。 2. 没关系，我来想办法（社交能力强，有责任心，受人喜欢）。 3. 没关系，不用管，总有人会处理（刚愎自用，自我感觉良好，团队协调能力差）。 4. 没关系，总经理不会计较的，知道错就好了（理想主义者，容易情绪化，靠感觉行事）
	在工作中，遇到不如你的同事获得了领导的认可，你会怎么做	优：努力提高自己的同时，多与领导沟通，适当表现自己，提醒领导自己做了哪些工作。 良：平常心对待，各凭本事

4.2.3 灵活的非结构化面试

非结构化面试也被称为随机面试,没有固定的面试程序,不需要提前设计面试题目,也没有统一的考核标准,面试官根据岗位内容随机提问。非结构化面试的主要考察方式有三种,见表 4-6。

表 4-6　各种非结构化面试

面试方式	具体介绍
案例分析	通过给定信息,模拟分析真实案例,得出结论,考核候选人的应变能力和逻辑思维。比起各种理论知识,案例分析方式更具实践性,能从实际出发,看到候选人在工作中的表现和可能。很多案例分析没有最终答案,一切以候选人的回答为准,合理、创新就能脱颖而出
脑筋急转弯	脑筋急转弯可作为面试中的一个小调剂,考验候选人的逻辑思维能力,顺便缓解面试的气氛
情境模拟	HR 设置一个真实的情境,让候选人想办法解决一个现实问题,或是达成一个现实目标,根据候选人的表现和最终结果来评估其工作能力、人际交往能力、语言表达能力等各项综合素质

虽然非结构化面试随机又灵活,但对 HR 的要求更高,需要有经验且面谈技巧高超的 HR 主持面试活动,抓住候选人的心理,引导对方更多地表达自己,这样 HR 获得的信息就更多。

另外,在面试题目和面试流程都随机的情况下,科学的评分系统能发挥关键作用,HR 如何打分对结果影响很大,可使用一些评价量表保证专业性。表 4-7 为行为观察量表,表中对候选人的行为划定了得分标准,更显客观、公正。

表 4-7　行为观察量表

面试行为观察						系数
表情微笑、礼貌用语						
1分(几乎没有)	2分	3分	4分	5分(总是)		1
注重仪表,形象良好						
1分(几乎没有)	2分	3分	4分	5分(总是)		1
沟通过程中注意倾听对方的观点						
1分(几乎没有)	2分	3分	4分	5分(总是)		1
能很好地借助肢体语言						
1分(几乎没有)	2分	3分	4分	5分(总是)		2

续上表

面试行为观察					系数
能巧妙地回避令人尴尬的问题					
1分（几乎没有）	2分	3分	4分	5分（总是）	5
总分（分数×系数）：					
评分标准：					
分数	10分以下	10～15分	16～25分	26～35分	36分以上
等级	很差	较差	良好	优秀	杰出

在每个面试官对候选人打分后，还需要综合不同面试官的分数，计算平均得分，可通过成绩汇总评分表来统计，模板见表4-8。

表4-8 成绩汇总评分表

候选人序号		候选人姓名		联系电话	
面试得分	主面试官	1号面试官	2号面试官	3号面试官	4号面试官
扣除最高分			扣除最低分		
有效总分			最终面试成绩		
记分员			监督员		
主考官			日期	年 月 日	

拓展贴士 非结构化面试的优点和缺点

非结构化面试的优点和缺点都非常明显，优点主要有三点：
①灵活自由，减少面试官的压力，节约HR工作精力。
②面试流程没有特定结构，可随机调整面试重点。
③对于候选人的回答，HR能及时反馈，从而获得一些关键信息。
缺点也有三点，分别是：
①结构性差，主观性强，很难做到公平。
②对面试官的能力是一种考验，面试官经验不足，会导致面试效率低、质量不高。
③没有统一的评判标准，难以量化，不容易计分。

4.2.4　STAR面试怎么操作

STAR面试是一种常见的面试方法，如何解释STAR呢？S意为背景（situation），T意为任务（task），A意为行动（action），R意为结果（result）。HR可通过这四方面对候选人进行全方位的考核，具体如下所述：

第一步，了解背景。对候选人所取得的工作成果和工作业绩的背景发问，确定候选人的优秀是由于个人能力还是"借东风"。

第二步，了解工作任务。对工作项目的具体内容进行了解，得知候选人能够做哪些工作任务，是否有胜任岗位工作的经验。

第三步，了解工作步骤。对完成工作任务的各项行动仔细剖析，从候选人的行动中得知其工作方式、思维方式。

第四步，关注结果。即对候选人的工作成果进行比对，是好的结果多，还是坏的结果多，造成此结果的原因是什么。毕竟企业招人是为了创造利益，最终结果才是根本。

STAR面试能一步步引导候选人对个人的工作经历深层剖析，暴露更多问题。HR想要应用STAR面试方法，应从以下三个要点入手：

（1）建立人才素质模型

企业的人才素质模型即用人标准，是STAR面试的基石，HR主要通过企业用人标准设计面试题目筛选人才。下面通过具体的案例来了解。

实例分析 建立人才素质模型

为了方便招聘活动的开展，某企业设置了不同部门各岗位的人才素质模型，将所需人才的综合素质分为三部分，一是个人素质，二是工作素质，三是组织素质。每个部分都有各自的评定标准。表4-9所示为企业某岗位的人才素质基本模型。

表4-9　某岗位的人才素质基本模型

个人素质 （职业精神、保密意识）	工作素质 （专业技能、逻辑思维）	组织素质 （安排有序、分工合作）
职业精神：	专业技能：	安排有序：
保密意识：	逻辑思维：	分工合作：

表 4-9 只是举例，HR 还可根据企业具体情况增加评定标准，并对每个评定标准的考核方式进行设置。

（2）设计面试题库

每个企业的面试方式和流程可能各有不同，但既然要与候选人展开面谈，提问环节是必不可少的，为了在提问环节获得更多想要的信息，HR 可提前设计面试题库。设计面试题库可依托于人才素质模型，如下例所示。

实例分析 按人才素质模型设计面试题库

某企业的仓储管理岗有空缺，欲招聘一名仓储管理专员，在面试之前，HR 与其他面试官就此岗位的基本素质模型设计面试题库。其中，"协作意识"为员工组织素质的评定标准之一，一共设计了三个题目对候选人进行考核。

1. 在之前的工作经历中，如果你和部门主管、同事在某项问题上有分歧，你是怎样处理的？是退一步还是坚决不改变想法？

2. 在之前的工作经历中，如果遇到一项工作任务需要其他部门合作，并提供资源和人力支持，但该部门对接人员并不上心，请问为了完成工作，你会怎么做？

3. 在之前的工作经历中，如果遇到同事或下级无法很好地完成工作，你会帮助他们吗？你会对他们说什么？他们的回应如何？他们的工作效率有任何改变吗？

（3）学会追问

专业的 HR 不会仅仅守着设计好的面试题库展开面试面谈，而是要根据候选人的表现有选择性地进一步追问，以期得到想要的信息。由于 STAR 面试主要对候选人过去的工作经历发起提问，候选人就有可能造假，HR 的追问能够提高谈话的真实性。下面通过一个案例来了解 HR 应该如何追问。

实例分析 HR 如何追问候选人

为了考查候选人的协作意识，HR 向候选人提问："在之前的工作经历中，如果你和部门主管、同事在某项工作任务上有分歧，你是怎样处理的？是退一步还是坚决不改变想法？"

候选人谢 × 经过思考，回答："去年上半年，我还在 × × 公司任职薪酬福利专员，彼时，××公司正准备扩大规模，在深圳、宁波成立工作室发展业务。由于各地的消费水平差异较大，因此不能实行统一的薪酬标准，在新的薪酬标准形成之前，新成立的两个工作室管理缺失，员工干劲不足，工作混乱。为了解决人员管理上的乱象，我在部门会议中提出薪酬集中化管理的建议。虽然同事和主管对我的建议持怀疑态度，认为要发挥地区优势，应该推行区域化管理。但为了让大家接受我的想法，我收集了大量的资料，整理成报告，并积极与主管和同事交流。最后，人事主管认可了我的想法。"

根据谢×的回答，HR进一步追问："你说为了得到主管和同事的认可，查找并收集了资料，整合成报告，那么你具体考虑了哪些方面？做了哪些具体工作？"

谢×："首先我分析了薪酬集中管理的优势，包括信息共享、管理透明、节约管理成本，非常适合公司发展的初期。而对于公司长久发展来说，薪酬集中管理能节约财务资源，保证财务资源良性运转。"

谢×的回答，让HR非常满意。

谢×首先按照背景（situation）→任务（task）→行动（action）→结果（result）的顺序对特殊的工作经历进行描述，但其中还有不足之处，因此，HR进一步追问，考察其对薪酬集中化管理的认识，在听到谢×的回答后认为其确有能力。

拓展贴士 STAR面试的注意事项

选择STAR面试面谈方式，有一些注意事项不能忽视。
① HR要时刻保持客观，主要对候选人的工作行为进行引导。
② 在提问时最好用"如何""怎样""什么"引导回答。
③ 将重点放在过去的工作经历上，可使用表示过去时态的词语，如"之前""过去""工作以来""当时"等。
④ 为了精准引导相关内容，HR可使用形容词或限定词，如"最快""最好""最差""最慢""最满意"等，候选人可依据限定词给出自己的答案。

4.2.5 一对一如何进行面谈

一对一面试是一种常规的面试方式，即只安排一位面试官与前来面试的候选人逐一交流，能有效节省企业人力、物力。相信很多HR在求职的时候也经历过一对一面试，比起一对多面试，压迫性更小，且双方能够更深入、更坦诚地交流。

什么情况下会采用一对一的面试形式呢？如下所述：

①企业规模较小。

②面试人数不多。

③招聘成本不够。

④人事部门成员有限。

⑤高端人才需重点交流。

一对一面试兼具系统性与灵活性，HR可设计好面试题库，在此基础上有所发挥，以对候选人有更全面的了解。下面通过案例一起来认识一对一面试的特点。

实例分析 一对一面试问答

HR：你好，××，请简单做一下自我介绍吧。

候选人：面试官，您好，我毕业于××大学市场营销专业，有五年的市场营销经验，曾在××公司和××有限公司工作，负责市场调查分析、开发客户资源、完成签订销售合同等一系列工作。能够熟练使用Word、Excel等办公软件，个性开朗、随和，与同事能友好协作。无论是专业还是工作经验，我都非常符合贵公司的应聘要求，希望能够应聘成功，我将继续在该岗位上努力工作，谢谢。

HR：的确，你的专业和工作经验都非常亮眼，你说与同事能够友好协作，我想知道你之前的同事都是如何评价你的？你们是如何友好合作的？

候选人：之前的同事大都认为我个性随和，易于相处。对于同事需要用到的资料我总是第一时间整理，也愿意帮助同事解决工作上的问题。在同事策划营销方案时，我收集到的商业信息总是与之共享。

HR：你在××公司工作时提高了销售业绩，你是怎么做到的？

候选人：在××公司时，我负责独立完成各项广告策划方案、品牌推广方案，并被上级认可，吸引了不少合作商，相信这与我的劳动成果有很大关系。

HR：20××年你完成了××项目，能具体介绍一下背景吗？

候选人：嗯，好的，这个项目是我进入××公司后完成的第一个项目，那时公司刚好要推出春季新品，我将传统营销与新媒体营销结合，提出了网络走秀的想法，得到了上级的大力支持，最后成功举行了线上和线下产品走秀营销活动。

HR：那么，在进行项目策划时，你做了哪些工作？你的同事做了哪些工作？

候选人：这个项目由我与其他两位同事一起推进，其中一位同事负责市场动态、竞争品牌动向的信息收集，还有一位同事负责美工，我负责方案内容的撰写，整个计划的效果评估。

HR：你为什么想来我们公司工作呢？你对我公司有多少了解？

候选人：贵公司的主营项目是运动服饰生产与销售，且产品定位在时尚、潮流这一块，我相信创新的产品和品牌营销观念能够帮助公司打出标签，这个岗位能让我有所发挥，挖掘自己的潜力。

HR：你接受加班吗？

候选人：在有加班费的情况下我可以接受适当加班，但以牺牲个人健康为标准的加班反而会让工作效率降低，我会再考虑。

HR：好的，我想了解的已经差不多了，你还有别的问题吗？

候选人：……

上例为某公司招聘市场营销专员的一场面试面谈，采用一对一面谈的方式，HR按照候选人个人信息→工作经历→重要项目→本公司相关→招聘岗位相关的顺序提出问题，之后再进行随机提问。这样对于候选人信息能够有全方位的把握。

4.2.6　HR的多种提问类型

候选人参加面试是带有防备心的，面对HR提出的问题总是思虑再三才会作答，确保万无一失，所以HR得到的回答总是几分真几分假，有诸多隐藏。要想听到更多候选人的真心话，HR要学会更高明的问法。事实上，有多种面试提问类型可帮助HR获得候选人不同方面的信息。

（1）引入式提问

引入式提问在面试开始时发起，可有效缓和面试的紧张氛围，让候选人放松一些。引入式提问遵循"431原则"，即四种问题、用时三分钟和集中提问，该如何理解"431原则"呢？见表4-10。

表 4-10 431 原则的基本解释

431 原则	具体解释
四种问题	引入式提问分为四类问题： ①个人信息问题，一般由候选人进行自我介绍。 ②对公司的了解程度，考查候选人是否了解过公司情况和招聘岗位。 ③行业相关问题，考查候选人是否关注行业资讯。 ④询问候选人通过何种招聘渠道了解招聘信息的
用时三分钟	引入式提问不是面试的核心，因此不可以占用太多时间，一般控制在三分钟以内
集中提问	引入式提问要集中在面试开始时，然后快速结束进入下一阶段

常见的引入式提问有哪些？来看表 4-11 列举的一些常见问题。

表 4-11 引入式提问示例

提问类型	示　　例
个人信息	①你好，请用不超过一分钟的时间简单介绍一下自己的情况。 ②请从个人基本情况、从业经历、教育经历方面介绍下自己。 ③请问你知道自己最大的优点和缺点吗？分别说明。 ④你有什么兴趣爱好？ ⑤你觉得你是一个什么样的人
公司了解程度	①你为什么要来我们公司应聘呢？ ②你对我们公司有一定了解吗？哪方面的了解？ ③你对我们公司的产品有何评价？ ④如果要改进公司产品，你觉得该如何入手
行业相关	①请问本行业近期有什么热点吗？ ②你有关注本行业近期的新闻吗？ ③如果你是公司的运营主管，遇到××问题你该怎么办
招聘渠道	①请问你是从何种渠道了解到我们公司的？ ②你是看了我们公司的招聘广告投的简历吗？ ③请问你是怎么知道公司近期要招聘的信息呢

（2）询问动机

动机是激发和维持人的行动，并将行动导向某一目标的心理倾向或内部驱力。HR 通过询问候选人的求职动机，能够了解其离职原因、个人发展规划及人生态度，判断其是否适合公司招聘岗位。HR 一般如何询问候选人的求职动机呢？可参考以下示例：

"你为什么想来我们公司上班呢？"

"你为什么从上一家公司离职呢？"

"你为什么想要应聘××岗位？"

"你觉得自己哪方面适合××岗位？"

"你的专业是××，为什么要跨专业选择职业呢？"

"你希望自己将来如何发展呢？"

"你有具体的职业规划吗？是否与××岗位有关？"

"你喜欢这份工作的哪一点？"

（3）善用应变式问题

除了询问岗位工作有关的内容，HR还可通过一些智力应变式题目对候选人的应变能力、知识储备等进行考核。常见的智力应变式题目有以下一些，HR可选择其中一二对候选人提出。

"请你回答，井盖为什么是圆的呢？"

"请对以下字母进行排序，使其形成一个英语单词，m-y-c-p-a-o-n。"

"在grass后面加一个字母，在agent前面加一个字母，组成两个新的单词，这两个单词是什么？"

"每天中午从法国塞纳河畔的勒阿佛有一艘轮船驶往美国纽约，在同一时刻纽约也有一艘轮船驶往勒阿佛。已知横渡一次的时间是七天七夜，轮船匀速航行，在同一航线，轮船近距离可见。问今天中午从勒阿佛开出的船会遇到几艘从纽约来的船？"

"农场圈养了一批鸡，现刚买进一批饲料，如果卖掉75只鸡，饲料够用20天，买进100只鸡，饲料够用15天，问原来农场有多少只鸡？"

"一天有24小时，在24小时内时针和分针会重叠多少次？"

"有两根不均匀分布的香，一根香烧完的时间是一个小时，你能用什么方法来确定一段15分钟的时间？"

"你有两个罐子，并有50个红色弹球，50个蓝色弹球，随机选出一个罐子，随机选取出一个弹球放入罐子，怎么给红色弹球最大的选中机会？在你的计划中，得到红色弹球的准确概率是多少？"

"想象你站在镜子前，请问，为什么镜子中的影像可以颠倒左右，却不能颠倒上下？"

"两个圆环，半径分别是1和2，小圆在大圆内部绕大圆圆周一圈，问小圆自身转了几周？如果在大圆的外部，小圆自身又转了几周呢？"

"约翰病逝于 1945 年 8 月 31 日，他的出生年份恰好是他在世时某年年龄的平方，请问他是哪一年出生的？"

HR 要注意，智力应变式题目只是面试面谈的一个小分支，可有可无，不能因此占用过多面试时间。而且，这类问题中有许多通常没有标准答案，只要合乎常理都算正确。

（4）压迫式提问

正常的面试面谈环节，虽然候选人会有些微紧张，但都在可控的范围内，这种情况下候选人会尽量掩饰自己的不足。但如果 HR 制造一些压迫感，观察候选人在压力之下的表现，往往可以看到更真实的一面，这便是所谓的压力面试。

压力面试即指面试官有意制造紧张氛围，来了解候选人将如何面对工作压力，可考察候选人的应变能力、抗压能力。如何进行压力面试呢？HR 需要向候选人提出相对生硬、冒昧的问题让其感到不适，或是连续发问直至候选人无法回答。常见的压迫式题目如下：

"你今天的面试表现平平，你自己知道哪方面没有做好吗？"
"你刚才的回答并没有达到我的期望，你知道原因吗？"
"你的简历没有亮点，是在网上下载的模板吗？"
"你的英语能力并不出众，为什么还要应聘我公司的××岗位呢？"
"今天来面试的人员都有很大优势，你有什么特别之处呢？我并没有感受到。"
"你的专业并不对口，为什么要申请××岗位？老实说录用的概率非常渺茫。"
"对于××岗位，有哪些地方是你不喜欢的？"追问，"之后会因为这些不足而转行吗？"再次追问，"能够继续坚持的动力来自哪里？"

（5）情境式提问

为了解候选人在实际工作中的表现，HR 可设置一些情境式题目，情境越是具体、真实，越能突出候选人的能力。情境式题目应满足三个基本条件：

①题目背景应来源于日常工作，必须是工作时真实发生过的。
②情境式提问越详细越好，前后要有逻辑。
③问题要有技术性，问题背景过于简单将难以考查候选人的能力。

如下所示为常见的情境式提问，背景丰富，员工的回答才会更有价值。

"你入职新公司后,负责行政管理工作,上级领导交给你一项工作任务,即改进公司各项管理制度。而在初始调研阶段你便遇到了问题,其他部门的同事并不配合,总是在忙自己的工作,你要如何与其他部门的同事交流,获得自己需要的资料呢?"

4.2.7 哪些提问方式应该避免

在面试过程中,HR 应该保持专业与冷静,把握全局和面试走向,有些提问方式会影响面试双方的交流,造成麻烦,因此,HR 应该避免此类提问方式。

①模糊式提问。HR 向候选人提问时,应选择普遍的、专业的用词,问题应该是易于理解,符合常规的语言逻辑,这样候选人能第一时间理解问题并作答,而不是反复回问确认 HR 意图。

②连串式提问。HR 不要一口气提出好几个问题,候选人来不及回答,也很容易忘记。就算需要连续发问,也要等候选人回答完第一个问题后再针对回答继续询问。

③打断式提问。HR 抱着居高临下的态度,时不时打断候选人的回答,还没等候选人回答完毕,就提出新的问题,会让候选人觉得自己没有受到尊重,对该公司的印象大打折扣。

④重复式提问。可能有的 HR 出于好心,会重复一遍自己提出的问题,好让候选人清楚作答,但这是没有必要的,HR 应该向候选人展示自己的干练和专业,重复提问不仅浪费面试时间,还显得啰唆。若候选人没有听清楚会主动询问的。

4.3 入职面谈表真诚

员工入职是企业管理的重要环节,关系到之后的工作效率和团队协作。HR 要尽可能安排好员工入职流程,让员工更好地融入企业环境。进行入职面谈是入职流程中不可或缺的一环,在此环节 HR 要最大限度地展示企业的真诚与人性化。

4.3.1 入职面谈的重要意义

很多 HR 会觉得入职面谈可有可无,不必重视,导致了很多候选人在入职后无法适应而离职,给企业带来损失。入职面谈有非常积极的作用和意义,尤其对进入陌生环境的新职员来说。安排入职面谈主要有以下意义：

①安抚不安。新职员在一无所知的情况下容易不安，不知道如何签到，不知道该做什么工作，不知道向何人询问……许多的不知道让新职员难以安心工作和学习，这时 HR 需将一些基本注意事项告知新职员，消除其不安的情绪。

②表达关心。将入职面谈作为入职流程的一项，能够直接向新职员表达企业的关心，在这种关心下，新职员会更积极地投入到工作中，努力适应工作环境。

③作为后援。新职员往往会有孤立无援的感受，这时入职面谈能够为他们提供一个后援，新职员在面临各种困难，不好意思告知领导时，可以向 HR 提出，让 HR 帮助自己解决问题。

④拉近距离。入职面谈不像面试面谈那么严肃、正式，更像同事之间的聊天，能拉近彼此距离，有利于拓展新职员的人际交往范围，让新职员敢于迈出第一步。

⑤规范员工行为。员工刚入职，在不知道企业规章制度的情况下，容易做出违规的事，这时需要人事部门提前提醒新职员遵守企业各项规章制度，如考勤时间、设备使用等。

4.3.2　入职面谈的内容有哪些

入职面谈的内容会依据企业或对象的不同而有所区别，HR 可提前设计面谈内容，常见的入职面谈内容如下：

①嘘寒问暖。询问员工入职的感受，是否有需要帮助的地方，表达企业的关心，如"在实习期间有任何问题都可以联系我""有什么需要尽管提出"。

②工作安排。对员工入职后的工作安排简单介绍，包括培训活动、企业组织结构、岗位工作内容等。待其入职一段时间后，还要了解新员工的工作状态及需要帮助的地方。对话示例如下：

HR："入职后，你将正式进入 ×× 部门，你的直接上级是 ××，你主要与他对接工作。不过，你首先要进行为期一周的培训，然后正式上岗。"

新职员："好的。"

工作一段时间后。

HR："最近怎么样，工作还适应吗？"

新职员："工作效率不是很高，还在摸索之中，但没有什么大问题。"

HR："那周围的环境如何？和同事相处怎么样？"

新职员："我性格比较内向，所以与同事交流不是很主动，好在大家比较包容和友好，让我没有太大压力。"

HR："那通勤呢？我记得你的住址较远，能赶上考勤吗？"

新职员："还好，因为公司是 9:00 签到，我有足够的通勤时间，不过正式入职后可能会考虑搬到公司附近。"

HR："这样的话，我可以帮你留意公司附近的公寓，如果你有需要可以联系我。"

新职员："谢谢。"

HR："最近在工作中有遇到什么困难吗？需要人事部门的帮助吗？"

新职员："嗯，有一个小问题，我刚刚开始工作，有很多不太明白的地方，但是又不知道该找何人询问，不好意思对同事多加打扰，也不好直接去找领导。我希望能有一个明确的询问对象。"

HR："这样啊，这的确很影响工作效率，我会与你的领导好好谈谈，一定帮你解决好这个问题。"

③发布规章制度。无论是员工基本守则，还是岗位相关制度，所有员工应该知道的企业规则，HR 都应该告知新职员。需要新职员重点注意的内容 HR 可以口述，其他规则可以直接发布纸质文件。

④鼓励员工。说清楚入职相关事项后，HR 还可表达对新职员的鼓励和支持，让新职员以一种积极的态度投入工作。常见的鼓励话语有以下一些。

"现在，你进入公司有了新的开始，我相信你一定能激发个人潜能，做出好的成绩。"

"欢迎你入职本公司，相信你一定能快速适应，加油！"

"虽然刚进公司有很多不懂的地方，但是通过学习这些都不是问题，只要你有信心，一定能朝着目标前进。"

4.3.3 入职面谈也需要反馈

很多企业的入职面谈流于形式，仅对新职员鼓励几句便作罢，这样的面谈对员工融入企业没有太大效果。入职面谈应该具备阶段性，至少安排两次，HR 要认真记录员工的反馈信息，查看员工的问题和困难有否解决。

HR 可通过入职面谈记录表来记录和查询入职面谈的要点和最终效果，见表 4-12。

表 4-12 入职面谈记录表

姓　名		部　门	
岗　位		入职日期	

第一次面谈（入职三天后）	面谈时间：	面谈人：
面谈内容	面谈情况和结果	备　注
您入职后对公司的整体印象与入职前是否有反差？如有，请举例说明哪些方面有反差？		
您的部门领导、部门负责人给予的帮助与关心程度如何？有何建议？		
您目前与同事、上级的相处关系如何？		
您目前工作中有何困难？需要人力资源部或公司给您什么样的帮助？		

面谈人意见：

第二次面谈（入职七天后）	面谈时间：	面谈人：
面谈内容	面谈情况和结果	备　注
您清楚您的工作职责吗？		
您清楚公司的组织架构吗？对部门内的设施您了解吗？		
您对公司的公司文化、工作氛围认同吗？有什么建议？		
您目前工作开展过程中、生活中有何困难？需要公司或人力资源部提供哪些支持与帮助？		
您认为目前公司的工作环境及氛围如何？		
在人力资源部的帮助下，你面临的问题解决了吗？		

面谈人意见：

在入职面谈结束后，HR 应就面谈反馈信息进行总结，整理新职员普遍存在的问题，制定解决办法，改善企业管理，这样之后有新员工入职也能更快融入企业。

4.3.4 转正面谈谈什么

转正面谈即新职员通过试用期考核顺利转正后，由部门领导或人事部门发起的面谈活动。此时新职员已在企业工作一段时间了，对企业有了更全面的了解，HR 通过面谈可了解其对企业的看法，对工作的想法，借此为员工做出合理安排。

在进行转正面谈前，HR 要做好各项准备工作，具体如图 4-2 所示。

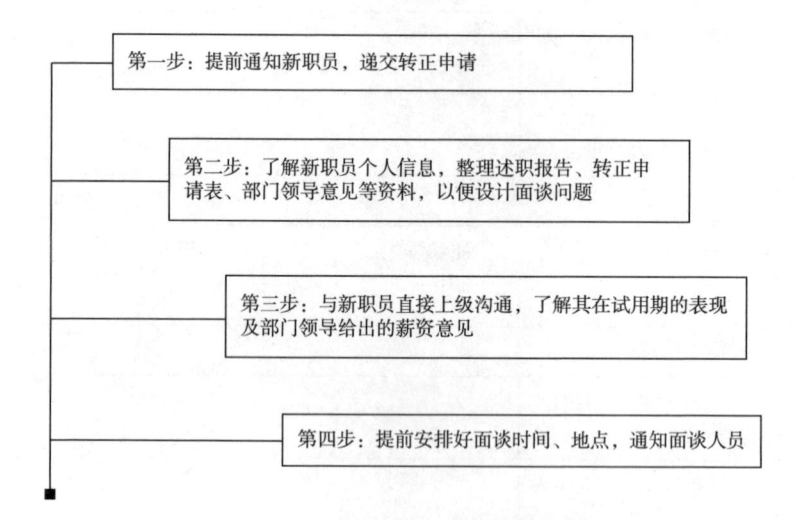

```
├─ 第一步：提前通知新职员，递交转正申请
│
├─ 第二步：了解新职员个人信息，整理述职报告、转正申
│         请表、部门领导意见等资料，以便设计面谈问题
│
├─ 第三步：与新职员直接上级沟通，了解其在试用期的表现
│         及部门领导给出的薪资意见
│
└─ 第四步：提前安排好面谈时间、地点，通知面谈人员
```

图 4-2 转正面谈的准备工作

人事部门的转正面谈将重点放在工作的衔接和指导上，主要围绕以下要点展开面谈：

①试用期表现。在面谈的初始阶段，HR 首先将部门主管对员工的试用期表现进行复述，对员工的优点和不足都要进行说明，员工表现好的地方予以鼓励，员工不足之处期待改进。

②工作安排。根据部门主管的意见，在岗位职责的框架下说明员工的工作安排，可向员工透露企业未来的发展方向和经营要点，激励员工朝同一方向努力。

③薪资福利。结合部门主管的意见向职员说明其薪资待遇，包括基本工作、

绩效工资（若有绩效工资，说明绩效考核方式）、年终奖金，将职员每月/每年综合所得数据明白告知（可能会有上下浮动）。除去薪资外，HR 还要将企业的各种福利告知职员，如年假、体检、津贴、集体旅游等。

④员工建议。HR 也要听取职员对企业的各种意见和建议，有助于企业改善管理工作，也能知道职员的需求。

在展开转正面谈时，HR 要同步记录面谈内容，方便后续的整理、分析工作。有两种记录方式可供选择——问卷式和表格式，如下所示为问卷式。

实例分析 转正面谈问卷式记录单

转正面谈问卷

员工姓名：　　　　　　HR：　　　　　　　20××年×月×日

1.××，经过三个月的试用期，你对公司的感觉如何？

_____

2.你是否已经适应了工作？有没有在工作中遇到难题，请举例说明。

_____

3.你觉得自己的优势在哪里？

_____

4.你和部门的同事沟通是否顺畅？是否能互相协作并顺利完成工作？请举例说明。

_____

5.你在试用期是否对公司的管理情况有一定的了解？有没有不认同和需要改进的地方？为什么？怎么办？

_____

6.你对公司的福利、考勤、行政等制度是否已全然了解？是否有不清楚的地方？

_____

除了问卷，HR 也经常使用记录表，转正面谈记录表见表 4-13。

表 4-13 转正面谈记录表

员工姓名		岗位（职务）		入职时间	
目的	让转正员工更好地融入公司文化和团队中，熟悉和认同公司的管理制度及流程，尽量给员工营造合适、愉快的工作氛围与环境，让转正员工更快进入工作角色					
期望效果	1. 让员工感受到关注。 2. 了解员工对岗位的适应程度，发现需要后续帮助和改进的地方。 3. 对转正面谈者试用期间的优点、长处及存在问题进行客观反馈，同时提供应对的建议					
面谈重点	1. 你了解公司的公司文化及清楚自己的岗位职责吗？ 2. 通过对公司进一步地熟悉认识后，自己在公司如何定位，以及你的职业规划是怎样的？ 3. 你入职后对公司的整体印象与入职前是否有反差，请举例说明哪些方面有反差。 4. 你认为目前公司的工作环境及氛围如何？ 5. 你来公司这段时间，看到公司有什么情况是你所不能认同的？为什么？有何建议？ 6. 你对于公司的管理制度（包括人力、行政、财务、运营）、管理流程等有何建议？ 7. 你对公司有哪些合理化的建议？ 8. 目前工作中遇到的问题，有哪些需要帮助					
记录内容（请人力资源部面谈者将上述问题的面谈内容做简要记录）：							
面谈部门		面谈时间		面谈者签名	

第5章

薪酬谈判和绩效反馈的技巧

为了节约企业人事成本，增加效益，HR要两手抓，一方面与新入职员工进行薪酬谈判，尽量在合理的范围内确定薪资，让企业获得人力资源又不至于付出过多成本。另一方面，要在绩效考核后将结果反馈给员工，指出问题并进一步激励员工，提高工作效益。

5.1 薪酬谈判有礼有节

薪酬谈判一般发生在终试之后或入职之前，企业与职员就劳动报酬条款的相关内容进行讨论，确定最终的劳动报酬。由于企业想要尽量降低人力成本，而职员想要获得更高的回报，因此达到"双赢"是薪酬谈判的重要目的。

5.1.1 薪酬谈判的重要环节

薪酬是员工向其所在单位提供劳动或劳务而获得的各种形式的酬劳。薪酬谈判包括两方面的内容，一是直接以现金形式支付的工资（如基本工资、绩效工资和激励工资），二是间接地通过福利（如养老金、医疗保险）及服务（带薪休假等）支付的薪酬。

薪酬谈判一般会经历三个重要环节，如图5-1所示。

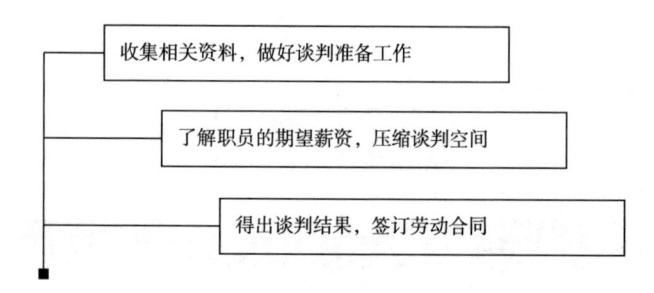

```
┌─── 收集相关资料,做好谈判准备工作
│
├─── 了解职员的期望薪资,压缩谈判空间
│
└─── 得出谈判结果,签订劳动合同
```

图 5-1　薪酬谈判的三个重要环节

图 5-1 所示的谈判重要环节该如何实施呢？下面来逐一了解。

（1）谈判准备

有句话说得好，知己知彼，百战百胜，在谈判时尤其如此。HR 应该提前调查谈判对象，避免在谈判过程中显得被动。HR 应该重点关注谈判对象的哪些信息呢？见表 5-1。

表 5-1　谈判对象的调查要点

调查要点	具体内容
就职状态	①求职者还未正式离职，这类求职者不会对薪酬降低标准，他们本着"骑驴找马"的态度，选择各方面条件符合的企业，而且对薪资的要求往往高于现在任职的。 ②属于失业人员，薪酬要求具有弹性，谈判的空间很大
工作能力	①学历越高，薪资要求越高。 ②有专业技能证书，说明其能创造高效益，薪资可能定得很高。 ③工作年限长的求职者与应届生相比，期望薪资更高
性　格	依据求职者的性格选择谈判方式，比如面对急躁的对象应该简化谈判过程，直接一点
人才需求类型	①若是稀缺人才，HR 要想办法留住对方，对于对方提出的过高要求，可与领导讨论，不要直接拒绝对方。 ②若是普通人才，就可以按照正常的流程走，将薪酬待遇控制在企业的标准之内

了解"对手"后，HR 也要对企业自身薪酬体系充分了解。在谈判对象询问企业的薪酬水平和薪酬结构时，HR 要向其展示自己的专业，清楚说明企业内部的薪酬标准，具体要对以下四方面进行叙述：

①岗位工资水平。

②岗位工资结构。
③福利与津贴。
④业绩考核指标和绩效考核方法。

企业内部薪酬标准应该依托于整个行业的薪酬标准制定,为了使对方信服,HR 还要了解行业薪酬标准,具体见表 5-2。

表 5-2　行业薪酬标准

调查项目	具体资讯
薪酬总额	较高水平
	适中水平
	较低水平
薪酬结构	固定工资
	浮动工资
	津贴与福利
劳动法规	最低工资标准
	加班费用(小时计)
	工时制度
	从业资格限制

按照表 5-2 所示的内容对行业薪酬标准进行调查后,HR 还要将数据进行统计和对比,制成薪酬调查表,用于薪酬谈判,具体见表 5-3。

表 5-3　薪酬调查表

序号	企业名称	岗位基本工资	福利		补助	绩效工资	月总收入	备注
			工龄工资	年终奖				
1								
2								
3								
4								
5								
6								

（2）了解职员薪酬期望

HR 要想与招聘对象达成一致目标，首先要了解对方的期望薪资，然后据此调整谈判策略。如何询问对方的期望薪资呢？HR 应注意用语委婉、自然，不能太强硬，可使用一些含蓄、婉转的词语（如左右、范围、大概、大致、可能、上限、下限等），并在发问前用过渡语进行衔接（如接下来、顺便问一下、那么等）。如下所示为一些常用话语。

"顺便问一下，你希望自己的月薪达到多少呢？"

"你能接受的薪资大概在什么范围呢？"

"你给自己预设的薪酬下限是多少呢？"

"对于你的工作履历，我已经足够清楚了，接下来想了解一下你目前对于月薪的期许。"

"你在简历中有写自己的期望薪资为每月 8 000 元，这是真实的吗？"

在得到对方的期望薪资后，如果其期望薪资在企业的标准之内或低于企业标准，那么可轻而易举达成协议；若其期望薪资在企业的标准之上，就要想办法降低对方的标准，压缩谈判空间，这是一个心理博弈的过程。

HR 一方面要制造压力，另一方面要摆事实讲道理，降低对方的心理期待。具体有哪些操作呢？见表 5-4。

表 5-4　压缩谈判空间的具体操作

常见操作	具体介绍
初试把控上限	在初试时，HR 可以简单提及员工薪酬，将薪酬上限控制在合理的水平，不少求职者为了通过面试，会降低自己的期望薪酬
拆解薪酬结构	很多求职者在提出期望薪酬时，其实并没有考虑到薪酬结构的问题，这就给了 HR 可操作的空间。比如某位求职者的期望薪资为 10 000 元，HR 可将其拆解为基本工资（8 000 元）、绩效工资（1 600 元）和补贴（400 元），这样就将 10 000 元的薪资分为了固定部分和浮动部分
强调定薪标准	告知求职者企业的薪酬体系复杂而又全面，定薪标准与企业环境、规模、效益、发展有关，牵一发而动全身，轻易不能改变
态度强势	HR 应该通过多方面建立自己的强势地位，如告知岗位竞争性、点出求职者的不足，重点说明企业的优势和未来发展。简单来说，就是强调企业优势并让对方明白自身的不足之处，以弱化求职者的优势，这有助于调整他们对薪酬的期望值

（3）签订劳动合同

在谈判双方达成一致后，双方应确定劳动合同的薪酬条款，顺利签订劳动合同。一般来说，薪酬条款的内容如下所示。

实例分析 薪酬条款

一、乙方工资分配形式、标准

1. 甲方按照政府有关企业职工工资，特别是不得低于本市最低工资标准的规定，制定本企业工资制度，确定乙方工资形式和工资标准。

2. 乙方试用期工资3 000元/月；试用期满乙方基本工资定为5 000元/月。甲方可按企业工资制度调整乙方工资。

二、甲方每月如期发放货币工资。如遇节假日或休息日，应提前在最近的工作日支付工资。

三、甲方安排乙方加班，平时和休息日加班无法安排补休的，按不低于国家（含省、市）规定的标准发放加班工资。其中：

1. 安排延长工作时间的，甲方支付不低于工资150%的加班工资，如加班时间在22：00至次日6：00期间的，支付200%的加班工资。

2. 休息日加班，支付200%的加班工资。

3. 法定休假日加班支付300%加班工资。但乙方实行综合计算工时工作制的，其工作时间应以一定周期综合计算，属加班时间部分，应按加班工资计发。

四、非因乙方原因所致的停工、停产，在一个工资支付周期内的，甲方应按第一项标准支付工资；超过一个工资支付周期的，甲方按不低于本市规定的失业救济标准发给乙方生活费。

五、乙方在法定工作时间内依法参加社会活动期间，以及依法享受年休假、探亲假、婚假、丧假、计划生育假、女职工劳动保护假期间，甲方按不低于本合同确定的乙方的工资标准支付工资。

六、如甲方克扣或无故拖欠乙方工资，拒不支付乙方加班工资，低于本市最低标准支付乙方工资的，均应予补发，并应按国家规定支付乙方经济补偿和赔偿金。

5.1.2 薪酬谈判的表格工具

薪酬谈判时什么是最直接有效的武器呢？答案是数据。数据资料能够支持己方的观点，打破不切实际的"漫天要价"。HR可提前制作呈现各项数据的表格，方便使用。有哪些表格工具是薪酬谈判所需的呢？

（1）职级薪酬对照表

职级薪酬对照表能够呈现企业各级岗位的薪酬结构和薪酬水平，HR可参考表格数据与求职者约定薪酬，见表5-5。

表5-5 职级薪酬对照表

职级	序号	基本工资（元）	各项补助（元）	福利津贴（元）	合计（元）	绩效占比	年终分红
E	5	7 000	1 000	2 000	10 000	20%	待定
	4	6 000	1 000	2 000	9 000		
	3	5 000	1 000	2 000	8 000		
	2	4 000	1 000	2 000	7 000		
	1	3 000	1 000	2 000	6 000		
D	5	4 000	500	1 000	5 500	20%	不享受
	4	3 500	500	1 000	5 000		
	3	3 000	500	1 000	4 500		
	2	2 500	500	1 000	4 000		
	1	2 000	500	1 000	3 500		
C	5	3 000	300	500	3 800	20%	不享受
	4	2 500	300	500	3 300		
	3	2 000	300	500	2 800		
	2	1 500	300	500	2 300		
	1	1 000	300	500	1 800		
B	5	1 800	300	400	2 500	10%	不享受
	4	1 800	300	300	2 400		
	3	1 800	200	300	2 300		
	2	1 800	200	200	2 200		
	1	1 800	200	100	2 100		

续上表

职级	序号	基本工资（元）	各项补助（元）	福利津贴（元）	合计（元）	绩效占比	年终分红
A	5	1 500	150	300	1 950	0	不享受
	4	1 500	150	200	1 850		
	3	1 500	100	200	1 800		
	2	1 500	100	150	1 750		
	1	1 500	100	100	1 700		

备注：
职级 E——总经理、副总经理、各部门总监……
职级 D——各职能部门负责人、各事业部部长、经理、高级商务助理……
职级 C——各部门主管、经理助理……
职级 B——企业各相关技术和专业岗位：销售人员、咨询师、技术员、人事专员、财务人员……
职级 A——各部门文职人员、行政内勤人员……

（2）面试登记表

面试登记表是求职者初次面试时填写的一种表格，用于对求职者的个人信息记录留档。HR 通过该表格能了解谈判对象的个人情况，尤其是期望薪资，进而制定对应的谈判策略，给出合理的薪酬意见，见表 5-6。

表 5-6　面试登记表

姓　　名		性　　别			
民　　族		籍　　贯			
身份证号码		出生日期			
家庭住址		电　　话			
参加工作时间		毕业院校			
专　　业		学　　历			
期望薪酬		最低可接受薪酬			
工作经历	工作时间	工作单位	职　位	离职原因
人事部门意见　　　主管签名：	用人部门意见　　　主管签名：

(3) 薪酬谈判预案表

为了在谈判过程中更游刃有余，发挥自如，HR 可提前制定 2～3 套谈判方案，确定谈判细节和薪酬底线，可制作成表格形式，作为谈判辅助资料。表 5-7 所示为薪酬谈判预案表模板，表中的具体细节 HR 可与人事部门和招聘部门共同商议确定。

表 5-7　薪酬谈判预案表

主要因素		具体细节	
谈判岗位			
谈判目的			
谈判时间			
谈判地点			
谈判方式	一对一		
	多对一		
薪酬谈判范围			
岗位薪酬结构			
谈判氛围			
谈判资料目录			
谈判原则			
谈判人员			
谈判主要内容及注意事项		主要内容	注意事项
谈判筹码		公司福利	公司优势

5.1.3 重点介绍企业优势

很多时候 HR 会走入一个误区，即薪酬谈判就将重点放在薪酬上，与求职者"死磕"。其实，要想降低求职者的期望薪酬，还可以从企业的其他优势入手，让对方看到薪酬之外的好处。

除去薪酬优势，企业还有其他优势，比如各种福利、完善的晋升渠道、学习深造的机会、干净美观的环境、高端的工作设备等。HR 如何展现企业的优势呢？最好是"对症下药"，面对不同的对象展示不同的企业优势，要做到这一点，HR 在面试时就要关注和记录每位求职者的个人需求。

通过询问求职者的离职原因能够精准捕捉其个人需求，如离家远、工资低、福利少、久不升职等，HR 针对这些离职原因可以顺势推出企业优势，常见的有以下内容。

（1）福利多多

如果求职者是因为薪酬福利少而离职的，HR 可将话题引到企业的各项福利上去，即便薪酬未必胜于前公司，但突出的福利仍有可能打动求职者。下面通过案例来了解有关对话。

实例分析　突出公司福利

HR："在初试时，你有表达过从上家公司离职是因为薪酬待遇没有满足自己的期待，对吗？"

求职者："没错，吃饭住宿花费越来越高，我的工资渐渐满足不了个人开支了。"

HR："那你觉得月薪多少才能满足个人开支呢？"

求职者："我希望月薪能达到 ×× 元。"

HR："我公司的基本工资与业内其他公司相差无几，不过除去基本工资和绩效工资，我公司还有很多福利可以改善员工生活质量。比如我们每月会发交通补贴、电话补贴、餐补，员工可以节约一大部分的生活杂费。国家规定的社保和公积金当然也会购买。"

求职者："补贴费用大概是多少呢？"

HR："每月有交通补贴 100 元，电话补贴 50 元，餐食补贴 200 元，且在食堂用餐免费，每月可以节省不小的开支。我想对你来说，月薪 ×× 元是能够接受的。"

（2）提供晋升渠道

如果求职者因为不能顺利升职而离开原公司，HR 可向其着重介绍公司的晋升机制。不止如此，还可以为其规划好具体的晋升途径，让对方看到自己努力的方向，这样求职者也许能在薪酬上让步。

实例分析　说明求职者的晋升途径

HR："在我看来，你是一个寻求发展的人，我们公司虽然薪酬待遇没有优势，但很看重员工的上升空间。"

求职者："什么上升空间呢？"

HR："我们公司有完善的晋升机制，现在你是技术员岗位，两年后就能参加统一考核，通过考核便能竞争助理工程师一职，然后是项目工程师，再到高级工程师，最后成为公司总工程师。"

求职者："晋升考核是所有人都能参与吗？"

HR："当然，我们职级划分清楚，晋升透明，并有监督机制。"

求职者："那太好了。"

HR："我觉得你应该考虑个人的长久发展，而不应该执着于薪酬。月薪××元是业内的基本水平。"

求职者："我知道了。"

（3）提供深造机会

很多求职者是抱着学习的心态工作的，因此尤为在意学习深造的机会，想要不断充实自己，有更好的发展。所以，这类求职者会选择有发展潜力或规模较大的公司，作为好的跳板。HR 要抓住这类求职者的心理，将公司能给予求职者的学习机会进行重点说明。来看下面的对话案例。

实例分析　公司的深造学习机会

HR："××先生，虽然我们的薪酬待遇并没有高出前公司太多，但我们公司非常注重员工素质的培养和提升。针对××岗位，我们也有系统的培训课程，技术的更新会第一时间让员工学习。"

求职者："我的确很在乎自我提升，我认为人应该活到老学到老。"

HR："这点与我公司的管理理念不谋而合，我们不仅有基础培训、入职培训，还有针对高端人才的出国培训计划，通过选拔的人员都可以参与，且培训计划非常透明，并不是由上级选拔，你可以自己报名参加。"

求职者："这点确实很打动我，但是薪酬方面我希望能有所增加。"

HR："考虑到你的工作经验，每月××元，你能接受吗？"

5.1.4　薪酬谈判不求快

薪酬谈判未必会如 HR 想得那样顺利，因此不能求快，直接说出底牌，然后立即与接受的求职者签约，这样未必能招到优秀又适合的人才，HR 应将重点放在节奏的把握上，掌握主动权。

在薪酬谈判中十分忌讳的便是一步到位，HR 应该循序渐进，根据关键的节点推进谈话。控制节奏的关键内容是什么呢？下面通过案例来简单了解。

实例分析　薪酬谈判的三个节奏控制点

HR："××，你的期望月薪是 8 000 元，对吗？"

求职者："是的。"

HR："按照我公司的薪酬体系，××岗位的月基本工资在 6 000 元，这你能接受吗？"（节奏点 1）

求职者："可是在招聘启事中，你们有写月薪为 6 000～8 000 元。"

HR："月薪并不代表基本工资，××岗位设有绩效工资，在绩效良好的情况下是有可能达到 8 000 元的。"

求职者："但这并不确定对吗？"

HR："绩效工资确实不能确定。"

求职者："如果是月薪 6 000 元，这与我之前的工作没有区别，很难达到我的心理期望。"

HR："我非常理解你的想法，不如你先讲讲经过两轮面试后对公司的印象吧。"（节奏点 2）

求职者："我之前对贵公司做过一些了解，知道你们重视效率和专业技能，也在积极发展××项目，今天参加面试，我觉得公司环境不错，工作人员也很干练。"

HR："我们愿意为员工提供一个好的工作环境，并让员工的努力获得应有的回报，我们的薪酬标准也是建立在合理的基础上，既符合岗位基本薪资，又让员工有多余的收入。"

求职者:"我认为我的能力和努力值得 8 000 元的月薪。"

HR:"公司的薪酬标准是固定的,不能修改,不能满足你的期望薪酬。或许你可以想想公司提供的各种硬性福利,还有每月的津贴,技术津贴有 300 元,住宿补贴有 500 元。在基本工资 6 000 元的基础上,其他隐性条件都值得你考虑。"(节奏点 3)

求职者:"好的,我知道了,我需要再考虑看看。"

以上为一个薪酬谈判案例的简化版,在对话中有三个节奏点,HR 在每一个节奏点都会开启一场与求职者的博弈,不断推进对话流程,达成最后的结果。

第一个节奏点,HR 首先抛出一个薪资数据,试探员工反应,在员工不接受的情况下,转移话题,拉长战线,聊聊公司的其他情况。

第二个节奏点,在双方对立的情况下转移话题,不聊薪资聊公司优势或发展前景,然后回到主题。

第三个节奏点,进入最后阶段,将员工能够得到的直接、间接福利综合起来,提出别的解决方法,比如各种津贴、年终奖等,争取达成一致。

5.1.5　认识超出期望效应

期望效应是一种社会心理效应,又称为皮格马利翁效应,本来指教师对学生的殷切期望能戏剧性地收到预期效果的现象,后来运用到各种社会场景中。期望效应告诉人们,期待能产生能量,让人获得支持。

在企业管理中,期望效应能产生积极的效果,让员工工作更有干劲。而在薪酬谈判过程时,HR 可通过使用超出期望效应的技巧,与谈判对象达到一种平衡。超出期望效应如何运用呢？主要分三步,如图 5-2 所示。

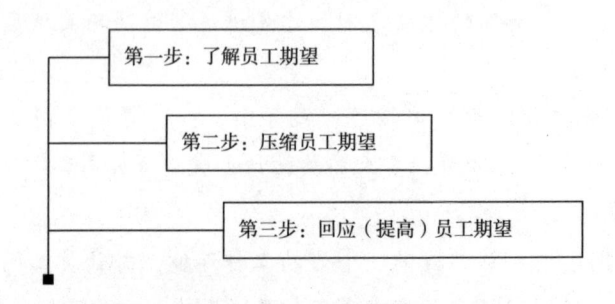

图 5-2　三步应用超出期望效应

对期望效应的迂回使用，能够降低求职者的期待值，从而更易接受 HR 给出的条件，下面通过案例来认识超出期望效应。

实例分析 超出期望效应的峰回路转

HR："好的，既然谈到这里了，那我顺便了解一下，你的期望薪资和简历中一样吗？"（了解对方期望）

求职者："是的，我希望每月薪资能达到 5 000 元。"

HR："我公司 ×× 岗位的基本薪资可能不会达到 5 000 元，不如你谈谈自己的薪资下限吧。"（压缩对方期望）

求职者："这样呀，就算达不到 5 000 元，那至少也要高于 4 000 元，这样才对得起我的劳动成果。"

HR："相信你更换工作也是为了拿到更高的薪资，但行情如此，公司也不能逆势而为。不过公司为了员工更好地工作，愿意多花一些人力成本，比如会提供各种补贴，这样不仅有实际意义，也能展示我公司的人性化。"

求职者："补贴有多少呢？"（产生期望）

HR："林林总总大概有 400 元吧。"（压缩期望）

求职者："这样啊。"

…………

HR："不过，为了鼓励员工高效工作，我公司有一项激励制度，入职半年后绩效优异的员工能获得一个加薪的机会，在原来的基本工资上增加 500 元，再加上各项补助，相信能达到你的期望薪资。"（回应期望）

求职者："加薪制度？会很难吗？"

HR："这是我们公司的福利制度，让员工有努力的空间，相信也能满足你的期待。"

求职者："这样的话，我想我可以考虑。"

5.1.6 数字越精确越没有想象空间

所谓谈判就是在一个空间内博弈，如果过于直白导致没有空间，那么谈判的效果也会很差，尤其是己方处于劣势时，就要想办法创造空间。

如果公司的薪酬标准低于行业基本薪酬，相信难以获得求职者青睐。这种情况下，HR不要将薪酬数据、薪酬结构讲得明明白白，让对方直接失去兴趣，结束谈判。下面来看一个案例。

实例分析 直白的数据致谈判结束

HR："对于你的期望薪资，我公司可能没有办法达到。"

求职者："那么贵公司的岗位薪资为多少一月呢？"

HR："基本薪资是4 000元，另有交通补助100元，餐补200元。不过，我们公司还设有绩效工资。"

求职者："绩效工资一般能拿多少呢？"

HR："每个人的绩效考核成绩不一样，能够得到的绩效工资都不一样。绩效工资是由月基本薪资×10%×个人考核系数得出，个人考核系数不超过1。因此，员工每月可获得的绩效奖金至多为400元。"

求职者："这样的话，每月收入还达不到5 000元，可是业内基本月薪大多是5 000元。"

HR："你可以考虑一下公司的其他福利。"

求职者："月薪与我想象的差别太大，我想也没有必要再谈下去了，和我原来的工作相比没有太大优势。"

在薪酬不具备竞争力的情况下，HR最好的办法是模糊薪资数据，来看下面的案例。

实例分析 模糊薪酬数据

HR："业务员的薪资总是不固定的，由两部分组成，固定薪资和浮动薪资。"

求职者："固定薪资和浮动薪资有多少呢？"

HR："一般来说，固定薪资和浮动薪资的比例为3∶7。"

求职者："我能了解具体的金额吗？"

HR："业绩不同，每月的薪资会有浮动，不过公司内很多业务员月薪都能达到7 000元。"

求职者："每月固定薪资是多少呢？"

HR："固定工资每月是2 000元，虽然固定工资不高，实际收入仍然可观。"

上例中，公司固定薪酬较低，很难让求职者满意，这时 HR 就要透露岗位薪资的平均水平，不要将重点放在固定薪资上，通过暗示求职者可以通过认真工作获得较高薪资，激发求职者的兴趣。HR 需要做好以下三点：

①不要将计算精确的薪资数据给对方参考。
②简单说明薪酬结构和比例。
③罗列公司补贴和福利，注重数量而不是金额。

5.1.7 用整体薪酬打动求职者

实例分析 求职者提出除薪酬待遇之外的需求

某公司需要招聘一名采购总监，HR 在与求职者面谈时，发生以下对话。

HR："我想知道你为什么从××公司离职，据我所知××公司福利不错，在业内规模不小。"

求职者："我对××公司为我提供的待遇不太满意。"

HR："××公司的薪酬待遇已经是业内最高的了。"

求职者："不是这样的，我所说的待遇并不仅仅是工资。"

HR："哦？那你是对别的福利不满？"

求职者："我的工资虽然很高，但工作也很繁重，一年到头没有什么休息的时间，我感觉自己的生活状态已经失衡了，我更渴望有一些放松和调整的时间。"

HR："你希望能有更多的福利假期或是提供公费旅游，对吗？"

求职者："那正合我意。"

为了满足职员的不同需求，整体薪酬的概念应运而生。整体薪酬是一种有别于传统薪酬的概念，指公司让员工共同参与薪酬的设计，在基础的薪酬体系上建立不同的薪酬组合系统，满足不同员工的个性需求，且定期随着员工兴趣爱好和需求的变化，做出相应的变更。

员工通过劳动想要获得的报酬形式各有不同，除了固定的基本薪资，其他的选择根据需求有所不同，具体有哪些需求元素呢？通过下列薪酬等式可了解一二。

$$TC=(BP+AP+IP)+(WP+PP)+(OA+OG)+(PI+QL)+X$$

公式中的各个字母分别代表不同的含义，具体见表 5-8。

表 5-8　薪酬等式的含义

字母	含　义
TC	整体薪酬（total compensation）
BP	基本工资（base pay）
AP	附加工资（additional pay），即定期收入，如加班工资等一次性报酬
IP	间接工资（indirect pay），即福利
WP	工作用品补贴（work perquisites），由公司补贴的资源，如工作服、办公用品等
PP	额外津贴，购买公司产品的优惠折扣
OA	晋升机会，即公司内部的晋升通道
OG	发展机会，即公司提供员工学习和深造的机会，包括在职在外培训和学费赞助
PI	心理收入，员工从工作中得到的心理满足
QL	生活质量，能够体现生活中的其他方面（如上下班便利措施、弹性的工作时间、孩子看护等）
X	私人因素，个人的独特需求

表 5-8 所示的薪酬要素可以自由组合，组成员工需要的薪酬方案。由于灵活的薪酬组成，整体薪酬又被称为自助餐式的薪酬方案，能够给予员工更多的选择，建立与员工的伙伴关系，这样的话，员工的满意度更高。在薪酬谈判时，HR 可向求职者提出整体薪酬的概念，让对方在公司设置的框架中进行选择，掌握谈判主动权。来看下面的案例。

实例分析 技术人员的薪酬组合

HR："虽然我公司的岗位基本薪资不高，但是我们采用了更为灵活的薪酬组合方式，相信能满足你的需求。"

求职者："这是什么意思呢？"

HR："我想知道除了薪资外，还需要公司为你提供什么福利呢？"

求职者："嗯……我自己个人更看重发展空间和足够的休息时间。"

HR："这点，我想我公司能满足你的需求。"

求职者："你能具体说明吗？"

HR："我公司引入了整体薪酬的概念，将公司岗位分为三个层级，A 级为高级领导岗位；B 级为中级领导岗位和技术岗位；C 级为基层岗位和后勤岗位。不同层级岗位采用不同的薪酬要素，有不同的薪酬组合。"

求职者："好的。"

HR："由于你应聘的岗位属于技术岗，属于 B 级，薪酬要素有基本工资、间接工资、发展机会、生活质量、私人因素。基本工资和间接工资是每月固定的，你还可以自选一项薪酬要素，构成你的薪酬组合。"

求职者："原来是这样，我想了解发展机会是指什么？"

HR："发展机会是公司为技术岗位人员提供的定期学习深造课程，能够有效提高你的个人能力。"

求职者："这是真的吗？"

HR："没错，我公司规定……"

整体薪酬概念能弥补固定薪资的不足，是薪酬谈判的一大"利器"。图 5-3 所示为薪酬的五大分类，HR 可从中选择薪酬要素，用于设计薪酬组合。

保障薪酬

保障薪酬指保障职员基本生活的薪资，即人们常说的基本工资或固定工资，是企业必须支出的人力成本，也是占比最大的一部分人力成本。企业最好不要轻易压缩保障薪酬，这有可能导致离职率大幅提高。HR 要明白，人力投资是不可避免的，想办法从投资中得到更多效益才是努力的方向

激励薪酬

激励薪酬往往指一次性发放的薪酬，包括业绩薪酬和利益共享薪酬。员工达到一定的工作目标或业绩，为企业带来盈利后，可同时共享其中一部分盈利，这就是利益共享薪酬，有现金形式，也有股权形式。业绩薪酬可以将员工绩效与工作成果结合起来，激励员工提高工作效率

薪酬替代品

薪酬替代品是指不会实际发放的，但是对员工的个人生活有积极影响的福利，包括社保、公积金、工作必需品、节假日礼品、夏日解暑饮料等

薪酬补充

薪酬补充通俗讲即为津贴，常见的形式有现金、优惠券、购物卡、办公设备升级等。利用薪酬补贴，企业能从细微处改善员工生活质量，提高员工满意度和对薪酬条件的接受度，是薪酬谈判的一大筹码

薪酬的柔性部分

薪酬的柔性部分也是一种薪酬激励，包括个人发展机会、心理收入和精神激励等，这不仅是薪酬激励，也是心理激励，有时候能发挥较大影响，让员工不拘泥于物质激励

图 5-3　薪酬的五大分类

5.1.8　化解谈判中的尴尬时刻

HR 即便准备充足，在谈判过程中，也有可能发生许多意料之外的情况，HR 应该具备基本的应变处理能力，避免谈判中的尴尬时刻。下面来认识一些谈判中常见的尴尬时刻及化解技巧。

（1）对方不合作

谈判需要双方互动交流才能互相了解信息，若是求职者"防守"很厉害，一步不退，不愿透露自己的内心想法，HR 只能迂回前进，一点点试探对方。如下面的案例，HR 想知道对方的期望薪资，但求职者一直回避问题，不肯正面回答。

实例分析　求职者对薪资要求表述含糊

HR："××，我看到你未在简历中填写自己的期望薪资，不知道你心里是如何考虑的？"

求职者："嗯，我觉得只要符合行业基本水平，我就满意了。"

HR："行业基本水平？根据有关数据，目前××岗位的基本工资大多在 5 000 ~ 7 000 元，你认可这个薪酬范围吗？"

求职者："似乎有些低吧。"

HR："你是如何看待互联网设计行业的发展呢？"

求职者："我认为现在正是行业的蓬勃发展期，业内也涌入了很多人才，各企业要想发展应该重视人才的挖掘和培养。"

HR："的确，这几年行业内涌入了很多人才，岗位薪资也在不断上涨，你觉得现在行业岗位薪资合理吗？"

求职者："我觉得行业岗位薪资差距有些大，对于高级设计师来说并不友好，很多有能力的设计师，收入并不可观。"

HR："作为行业高级设计师，7 000 元的薪资你觉得如何呢？"

求职者："再高一点也不是不可以。"

HR："好的，我知道了。"

上例中，面对不主动透露期望薪资的谈判对象，HR 及时转换方向，与对方就行业现状展开对话，然后顺利将话题引到行业岗位薪资上，试探求职者的真实想法。可以看出求职者对目前的薪资水平并不满意，希望获得更高薪资，HR 应该结合员工期望和企业的标准提出薪酬建议。

（2）低薪资"赶客"

HR的谈判压力不仅来自谈判对象，也有很大可能来自企业自身，企业下达的人力成本预算较低，岗位薪酬水平低于市场平均水平，很多求职者直接打退堂鼓。

HR要怎么留住求职者呢？只能多方位了解求职者需求，将谈判筹码放在其他方面。来看下面的案例。

实例分析　罗列求职者的需求条件

某公司需要招聘几名采购员填补空缺，满足公司的采购需求，但上层划拨的人力成本并不高，岗位基本工资只有3 000元。经过人事部门的两轮面试后，HR选出了几名符合条件的采购员，进入最后的薪酬谈判阶段。双方对话如下：

HR："××，你的期望薪资我已经了解了，我公司完全能达到你的要求，不过基本工资我们只能给到每月3 000元。当然加上绩效工资，你每月也能有4 000元的收入。"

求职者："我希望每月基本工资就有4 000元，至于绩效工资，我并不在乎多少。我的要求并不过分，这也是行业基本薪资水平，其他公司差不多都是这样。"

HR："我明白，你的要求并不过分，不过你可以想想，我公司的其他优势同样不能忽视。你现在住在××区吧，与我公司只有十几分钟的路程，通勤时间和交通费用都大大减少，生活质量也有所提高。"

求职者："但这并不是我考虑的全部因素。"

HR："不止如此，我公司的工作环境也不错，为员工提供了食堂、休息区，茶水间内有冰箱、自动贩卖机、微波炉、咖啡机，你可以在好的环境中展开工作，不至于太过疲惫。"

求职者："这倒是不错，我也习惯自己带饭。"

HR："而且我公司保证双休，不会出现员工休息时间不足的问题。"

求职者："双休是我最看重的，希望能多陪陪家人。"

HR："我公司为员工提供了弹性上班制度，一个是10：00—18：30，一个是9：00—17：30。如果你家里有小孩的话，可按需选择适合的工作时间，安排好工作与私人生活。我公司很多需要送小孩上学的员工都会选择10：00—18：30这个工作时间。"

求职者："真的吗？这样我愿意考虑考虑。"

以上对话中，HR认真分析了求职者的资料，了解其真实的需求，即对私人生活的看重，因此提出公司的双休制和弹性上班制度，打动对方，加重公司筹码，达到一个平衡，这样很多求职者不会轻易拒绝。

（3）谈判对象傲慢自大

HR会遇到各种各样的求职者，有特别紧张的、沉默内向的，也可能遇到傲慢自大的，这类求职者往往自视甚高，所以对薪酬要求很高，让HR感到难以沟通。来看下面一个案例。

实例分析　面对自视甚高的求职者

求职者："我觉得年薪20万元是我的理想薪酬。"

HR："年薪20万元不是一个小数目，我公司只有高层管理人员能拿到这样的薪酬，对于技术人员我们并不会给到这么高的工资。"

求职者："我认为我的能力完全值得20万元。"

HR："据我所知，你并没有拿到××证书，工作经验也只有五年。"

求职者："我参与过的项目成绩有目共睹，并且您也是认可的。"

HR："项目成绩并不是薪酬的划定标准，我们看重你的能力和经验，相信你未来会有更好的发展，不过现阶段我们只能给你10万元年薪。"

求职者："10万元这也太少了，我不能接受。"

HR："就我公司内部来说，技术人员的薪资水平差不多都是这样，只有技术总监薪资略高，但你目前难以达到技术总监的任职要求。"

自视甚高者往往对自己的能力认识不足，HR遇到这类人员需要保持冷静，不要被对方的情绪影响，也不要被对方的气势吓到，而应顺着自己的逻辑开展对话，指出其不合理之处，给出己方依据。

若对方继续"胡搅蛮缠"，HR可以直接给出最终的薪酬数据，请对方多加考虑，之后结束谈判。

5.2　绩效反馈不是批评会议

很多企业都引入了绩效管理，激励员工提高工作效率，而绩效管理能否达到好的效果，让企业和员工共同进步呢？这需要绩效反馈来兜底。

绩效反馈是绩效管理的最后一环,也是非常关键的一环。将绩效结果和评价反馈给被评估对象,才能对被评估对象的后续工作产生影响,一般由人力资源部负责实施。

5.2.1 绩效反馈的基本流程

绩效反馈多以面谈的方式展开,一名优秀的 HR 必须熟悉面谈的基本流程,该流程大致可分为三个环节:

(1)绩效反馈准备

绩效反馈面谈开始前,HR 要负责做好反馈计划,具体从以下四方面着手:

①面谈人员:整理绩效面谈人员资料,罗列出面谈名单。

②确定绩效面谈内容:包括如何开始面谈,面谈的关键内容,谈话先后顺序,如何结束面谈。

③面谈时间:选择业务不太繁忙的工作日,比如周五下午。最好提前几天通知面谈对象,让其安排好工作,留出时间。

④面谈地点:一般在 HR 的办公室或是会议室等场所,保证环境的安静,确保绩效面谈不被打扰。

另一方面,HR 也要准备好绩效面谈所需的资料,如绩效考评表、员工绩效档案等,这些资料都能帮助 HR 了解面谈对象,同时还能作为面谈沟通的依据。绩效反馈所需的资料包括以下一些。

目标管理卡。目标管理卡又称目标责任书,一般按照制定目标、实施目标、监督检查和评价成果设计表格,用以反映职员的工作目标完成情况。具体内容见表 5-9。

表 5-9 目标管理卡

姓 名		职 位		部 门		考核期	
主要工作目标		评分标准		权 重		完成情况	
1.							
2.							
3.							
4.							
5.							
被考核人签字				考核人签字			

员工绩效档案。绩效档案是指在绩效管理过程中应用的、具有参考价值的历史记录,包括员工过往的绩效考核表、考核计划、考核工具、奖罚记录等一系列可对绩效管理工作提供参考依据的资料。

绩效考核表。绩效考核表是绩效考核的工具,用以记录和评估员工绩效考核情况,包括工作业绩、工作能力、工作态度及个人品德等各个方面。HR 主要根据绩效考核表展开绩效反馈,对员工考核结果、绩效表现进行说明,且需要员工在绩效考核表上签字确认。具体内容见表 5-10。

表 5-10 绩效考核表

姓名		职位		部门		考核期	
评价内容			满分	1 次	2 次	调整	决定
岗位工作 35%	1. 能充分理解上级指示,有效地完成本职工作,不需要上级反复监督或指导		7				
	2. 工作方法合理,总能完成预期目标和计划进度,并能很快地适应新任务要求		7				
	3. 做事敏捷、效率高,工作过程中极少出现数量或质量上的错误		7				
	4. 正确认识岗位工作的重要性,能根据具体情况、条件分析原因,通过调查、研究和推理总结归纳出方法,完成工作任务		7				
	5. 很好地完成本职工作外,还能够协助或帮助其他同事完成工作,并能提出好的建议		7				
工作效果 50%	1. 工作成果达到期望目的或计划要求		10				
	2. 能有效改进工作方法,并能提出适合组织发展的方案		10				
	3. 能全心全意地工作,且能提出适合组织发展的方案		10				
	4. 经常保持良好成绩,工作熟练程度和技能提高较快		10				
	5. 能以组织长期发展目标及时整理工作成果,为以后的工作目标创造条件		10				

续上表

	评价内容	满分	1次	2次	调整	决定
工作态度 6%	1. 能严格遵守规章制度和规定，很少无故迟到和早退	3				
	2. 工作中能主动协助上级、配合同事	3				
工作态度 9%	1. 忠于职守，从不无故离开工作岗位，很少有时间或经费上的浪费	3				
	2. 对分配的工作很少讲条件，能及时反馈工作进展情况并做到详细、准确地汇报工作	3				
	3. 对待困难度大的工作也积极接受，主动进行改良改进，向困难挑战	3				
考核分数合计						
考核结果等级						
被考核人签字			考核人签字			

（2）正式对话

正式开始绩效反馈面谈时，HR 要按计划推进核心内容，哪些内容应在前面讲，哪些内容应该靠后，应有基本的逻辑顺序，表 5-11 为对话的关键内容及基本顺序。

表 5-11 绩效反馈面谈的关键内容及基本顺序

对话内容	具体解释
开场白	面谈开场白可以是一些简单的寒暄，可以聊聊天气、员工工作近况，或对员工支持人事部门工作表示感谢。在一个友好轻松的氛围中进入谈话主题
简单说明反馈目的	简单的开场白后，HR 可向员工说明绩效反馈的目的、耗时，打消员工抵触心理，使其正确认识绩效反馈面谈
交流绩效结果	针对员工绩效考核的结果进行交流，鼓励好的方面，分析不足之处，商讨改进方向。员工若对绩效结果有异议，一定要郑重对待，积极听取员工意见，不要立刻否定员工
结束面谈	面谈进入尾声，HR 需向员工表达关心，询问对方是否需要任何帮助，鼓励员工再接再厉。最后，让员工在绩效反馈面谈表上签字，方便存档

下面通过一个案例，来了解绩效反馈的主要谈话内容。

实例分析 绩效反馈面谈对话

HR："你好，××，请坐。"

职员："谢谢。"

HR："最近工作忙吗？感谢你抽空过来。"

职员："还好，不算太忙，刚刚给实习生安排好工作就过来了。"

HR："辛苦了。"

职员："应该的。"

HR："那我们还是直接进入正题吧，此次面谈大概在半小时。希望你能了解进行绩效考核绝不是为了惩罚员工，开展绩效反馈也不是为了批评员工的不足。"

职员："嗯，这个我明白。"

HR："根据绩效考核表，你的工作表现不错，无论是工作态度还是工作效率都在及格线上，有不少考核项目还能达到8分或9分。"

职员："谢谢。"

HR："不过，你的直属上级对你有这样的评语：'设备使用不太熟练，影响了整体工作效率'。这点你认可吗？"

职员："我不否认近期工作设备使用确实不够熟练，但这是有原因的。"

HR："是什么呢？"

职员："工作设备有些老化需要维修的地方，还没来得及升级，所以操作不太灵活。"

HR："是这样啊，我会尽快与你们领导沟通，早日解决这一问题。除此之外，返工产品滞留超期两天，也是因为设备吗？"

职员："这与设备无关，主要是生产计划安排得不合理。"

HR："这一问题你能够解决吗？"

职员："我可以提前与二班的同事交流，确定工期，系统计划生产方案。"

…………

HR："那好，请在这里签字，有什么问题以后可以随时沟通。"

（3）改进绩效管理

面谈结束后，反馈工作还在继续，HR 应该整理各项重要信息，形成反馈报告，为绩效管理的改进提出有效建议。

5.2.2　针对面谈对象选择面谈方式

若绩效反馈的效果参差不齐，HR 就要不断改善自己的面谈技巧，才有可能真正影响到员工。要知道，不同类型的员工，性格特点不同，工作表现不同，HR 面对不同类型的员工要灵活改变自己的面谈方式。根据绩效和态度两个维度，可将员工分为四大类型，见表 5-12。

表 5-12　员工的四大类型

维　　度	工作绩效好	工作绩效差
工作态度好	贡献型	安分型
工作态度差	冲锋型	堕落型

面对这四种类型的员工，HR 该如何进行绩效反馈呢？

①贡献型员工。此类员工优点突出，各方面表现不错，HR 应该鼓励对方以更高的标准要求自己，向其提出更高的目标。

②冲锋型员工。此类员工有工作能力，业绩表现也不错，不过难以服从企业管理，独来独往，容易出现迟到早退，与同事争执等问题。HR 需让对方了解企业管理制度的重要性，听取其意见，耐心引导。来看以下案例。

实例分析　面对冲锋型员工

HR："××，你上月的工作表现不错，各项工作目标都完成得很好，只是有一项，团队合作得分很低，你知道是为什么吗？"

职员："可能是上月我没有参加临时会议。"

HR："请问是为什么呢？"

职员："事发突然，而且是在非工作时间，我已经有自己的安排了。"

HR："我很赞同你做事的想法，也重视员工的私人时间，不过，我仍然希望员工能真正融入公司，看重公司效益，尤其是一些紧急情况发生时，我们需要员工共同努力。就像上月的临时会议，公司紧急修改活动方案，且时间紧迫，而你的表现影响了整个团队。"

职员："可是如何安排私人时间是我自己的事，我有权决定是否参加非工作时间的会议。"

HR："当然，公司尊重员工基本权利，也并不强制要求员工在休息时间工作，只是希望在面对紧急情况时，你的态度能积极些。而且公司并不会让员工免费加班，我们会通过补假和加班费两种方式补偿员工的劳动。"

职员："我知道了。"

HR："我想我应该再次申明，公司绝不强制员工加班，只是希望看到员工积极工作的态度。"

③安分型员工。此类员工工作态度不错，但绩效欠佳，说明在能力和方法上有待改进。HR 主要了解其工作中的困难，想办法寻找解决方法，给予对方所需的资源和帮助。

④堕落型员工。此类员工各方面都有很大问题，HR 需要让其认识到自己的不足，了解其目前面临的困难，可安排其接受岗位再培训，在没有明显起色的情况下，可以选择调岗或辞退。

5.2.3 绩效反馈的 BEST 原则

BEST 原则是绩效反馈的一项有效方式，具体含义如下所述：

① B 指描述行为（behavior description），据实描述员工工作行为。

② E 指表达后果（express consequence），表述工作行为所产生的后果。

③ S 指征求意见（solicit input），即询问员工想要如何改进，引导员工说出自己的想法。

④ T 指着眼未来（talk about positive outcomes），接纳员工的意见，向员工表示支持，期待其未来的变化。

HR 可按 BEST 原则展开反馈面谈，下面通过具体的案例来认识 BEST 原则。

实例分析 BEST 原则在绩效反馈中的应用

HR："××，你本月的绩效考核成绩不错，工作全勤，且协作 B 组完成了×× 设计项目，做得非常好！希望你继续保持。"（B）

职员："好的。"

HR："不过较之上月，你本人的业务数量有所降低，客户签约量也降低了。你自己有感觉吗？"

职员："是的，确实如此。"

HR："虽然参与并协助其他组的设计项目也是你的工作，但不能顾此失彼，你的核心工作仍然是拓展客户，让客户认可你的初始设计，并完成意向签约，这会计入你们设计部的整体业绩中，对公司的整体效益也会产生直接影响。"（E）

职员："我知道了。"

HR："这次面谈是希望你能明确工作重心，对于你的能力××是非常认可的，不知道你对今后的工作有没有具体规划？下个月是否要与××和××进行签约？"（S）

职员："××公司和××公司对我设计的稿件已经认可，月初就会签约。然后我会去北区开拓新的客户，为了保证效率，我会提前制定工作进度表，同时推进不同客户的交流。"

HR："那你需要公司提供必要的资源吗？"（T）

职员："我希望公司内部的客户资源能够共享，这样能够将利益最大化。"

HR："嗯，你的想法我会向部门领导人转达，希望你继续认真开展工作。"

5.2.4 绩效反馈的汉堡原理

汉堡原理（hamburger approach）是指在进行绩效面谈的时候按照鼓励→指出问题→肯定支持的步骤进行面谈的方式。具体步骤如下所述：

①先对员工的突出优点进行表扬，给予鼓励。
②然后提出需要改进的具体问题。
③最后给予支持，缓和员工的不安情绪，完成面谈。

下面通过一个案例来认识汉堡原理。

实例分析 汉堡原理在绩效反馈中的应用

HR："××，你本月的绩效考核处于中等水平，有多项高分数据，尤其是供应商筛选、原理质量和物料退返率这几项，你的工作做得很不错，为生产环节省下了很多麻烦。"（表扬）

职员："谢谢。"

HR："不过，也有一些考核项目不达标，所以整体成绩只能维持在中等水平。"

职员:"嗯。"

HR:"比如价格方面,本月签约的供应商物料质量不错,但同时价格较高,这对经营成本肯定是有影响的。"(指出问题)

职员:"价格方面确实偏高,只是生产业务紧张,所以来不及长线发展。"

HR:"为什么会导致这种情况呢?"

职员:"我想是采购部与生产部的工作衔接还不顺畅,需要在管理上加强,当然我也应该改进自己的工作方式,结合生产进度重新设计物料采购表。"

HR:"你的意见很有价值,公司的管理的确存在不完善的地方,我会与相关部门领导人共同商讨。希望你不断积累和改进自己的工作方法和经验,让自己能更高效地工作。"(表达支持)

职员:"好的。"

HR:"谢谢你的合作,本次面谈就到这里了。"

第6章

高效沟通才能好聚好散

无论是解雇员工还是员工离职，对企业来说都是人力资源的损失。为了将损失降到最低，HR 需要与即将离开的员工进行面谈，了解员工的想法，处理离职事项，方便改进企业管理。

6.1 处理好解雇事宜

企业可依据《中华人民共和国劳动合同法》的规定辞退员工，对于无过失性辞退，企业需要提前三十日以书面形式通知劳动者本人或者额外支付劳动者一个月工资后，方可辞退。本着好聚好散、和谐友好的原则，一般 HR 会展开解雇面谈，向员工说明解雇原因，表示遗憾和祝福。

6.1.1 解雇面谈选在何时何地

企业决定解雇员工，便要着手计划解雇面谈的相关事宜，如面谈地点、面谈时间、面谈内容和流程。由于传达解雇决定会直接影响员工的情绪和工作状态，HR 一定要选择合适的时间点，将影响降到最低。需要注意以下两点：

①解雇面谈应该安排在工作日，不占用员工个人时间。

②解雇面谈的时间点最好不要选在一周的开始和结尾，选在周一，员工可能会因此一周都心情不佳；选在周五，后续需要解决的事项便要搁置。因此，周三、周四是较好的选择。

确定了面谈时间后，HR 还要确定面谈地点，一般不选择私人办公室，以防员工出现过激行为，HR 难以招架。最好选择既有开放性又有隐私性的环境，如公用会议室。

6.1.2　如何通知员工解雇决定

确定面谈时间和地点后，HR 要及时通知员工进行面谈，一般提前 1～2 天通知员工，接着展开面谈安抚员工情绪。下例中，HR 在周五通知员工下周进行解雇面谈，结果如何呢？

实例分析　周五通知解雇面谈的影响

20×× 年 ×× 月 ×× 日，周五，HR 向业务部的赵 × 发出了解雇面谈通知，请其于下周三到 205 会议室进行解雇面谈。赵 × 接到通知后，情绪一落千丈，面对工作也失去了兴趣。下班后回到家中，赵 × 不知道该怎么和家人沟通这一坏消息，想到家里的日常开支、房贷，焦虑的心情难以纾解。好不容易到了周一，赵 × 面对成堆的工作产生了抵触情绪。在面谈过程中，采取对抗的态度，让 HR 备受困扰。

由上例可知，在周五通知职员解雇面谈事宜显然是不合适的，会提前让员工陷入不安的负面情绪中，还得不到缓解。较好的是在周一或周二通知员工，然后尽快安排面谈，与职员进行良好沟通。

解雇面谈的通知方式有多种，具体见表 6-1。HR 应选择最为合适的一种方式，让员工知晓面谈有关事宜。

表 6-1　解雇面谈的各种通知方式

通知方式	优　势
面对面通知	①确保信息直接传达到职员这里。 ②避免信息在传递过程中失真或被曲解。 ③更能表达友好、遗憾的情绪，消减生硬感。 ④体现企业的人性化
邮件通知	①解雇通知信息明白清楚，且能有效保存。 ②可以反复查阅。 ③解雇程序化，突出管理优势。 ④较为正式

续上表

通知方式	优势
群体通知	①企业进行结构性调整或需要裁员时,选择群体通知更便捷。 ②降低对员工的心理冲击,让员工知道并非针对其一个人。 ③让员工了解解雇背景和目的,争取其谅解

6.1.3 用事实说明解雇原因

解雇面谈过程中,HR 需要向职员重点说明解雇的真实原因,真诚直接地告诉职员问题所在,应避免偏离主题。越是回避,职员越难以理解解雇的决定,进而产生不满和不认同。

下面通过一个案例,来了解 HR 应该如何开门见山说明解雇原因。

实例分析 直接说明解雇原因

HR:"××,你好,请坐。"

职员:"谢谢。"

HR:"相信你已经知道为什么今天会进行面谈。"

职员:"是的,只是我还不能够接受。"

HR:"你有这种想法是很正常的,任何人都会觉得难以接受,其实你的领导 ×× 对你的工作态度还是很认可的,只是你的绩效没有达标,按照公司规定不得不做出解雇的决定。"(告知解雇决定已成定局)

职员:"我的绩效成绩并不拔尖,也不算很差吧。"

HR:"非常抱歉,公司有公司的规定,任何人都不能特殊化。的确,你的绩效成绩不算很差,一直在合格线上下徘徊。但根据公司规定,三个月绩效平均分需达到 70,很遗憾你的绩效成绩没有达标,而你们部门 95% 的职员都能做到。"(用数据详细说明解雇原因)

职员:"也许我在工作中有一些失误,但这些都是可以弥补的,并没有什么重大问题,难道这样就要解雇我吗?"

HR:"过去三个月,公司也安排了经验丰富的员工指导你,可是本月的绩效考核数据显示,你的绩效并未有明显提升。经过 ×× 部门管理人员的再三考虑,做出解雇决定。你的工作态度良好,也愿意学习上进,也许你更适合其他工作，找准方向你会获得更多收获。对于这样的结果，我很遗憾。"

HR 向职员说明解雇原因时，应注意以下三个要点，能够有效提高对方的接受度。

①解雇原因不能敷衍，应用具体的数据和真实案例说明，让员工心服口服。

②谈话内容虽直接，但语气要温和，传递出遗憾的情绪。

③HR 尽量保持客观，对于职员的质疑和反对，认真回答，希望得到对方谅解。而不是摆出居高临下的态度，与职员对抗。

6.1.4　化解员工的对抗情绪

员工得知自己即将被解雇，很可能陷入焦躁和不安的情绪中，未必能心平气和地与 HR 交流，正如下例所示。

实例分析 解雇面谈中的对抗情绪处理

HR："你好，××，很抱歉占用你的时间，我会尽快完成此次面谈。"

职员："嗯。"

HR："公司的解雇决定你已经知晓，关于具体的原因你清楚吗？"

职员："不知道，我觉得自己表现正常。"

HR："根据你的绩效考核表，其中设备熟悉度、工作量、合格品率这几个项目得分都很低。"

职员："你凭什么这么说？"

HR："这都是事实，并不是我们胡编乱造，你可以看看你的绩效考核表。"

职员："我不想看，我的工作没有大的纰漏，你们辞退我需要赔偿！"

HR 应该站在职员的立场上思考，分析对方的心理，然后采取对应的面谈方式。员工被解雇后，一般会有两种心理，分别如下所述：

自我否定。心理承受能力较差的员工很容易在被解雇的事实中产生自我否定的心理。消极的情绪滋生，使员工面对问题时无法保持理智，要么紧张焦虑，要么难以接受，进而产生对抗心理。

自我安慰。心理素质较好的职员可能会消沉一会儿，不过马上就会调整心态，接受这个事实，然后着手工作交接事宜和未来发展。

面对自我否定的职员，HR 不要采用强硬态度逼迫对方接受，要保持冷静，不然解雇面谈就可能变成争吵。HR要时刻注意对方情绪的变化，尊重对方，慢慢引导谈话走向，可从以下五方面着手：

①语气柔和，态度真诚。

②以开放式和引导式的问题为主。

③多倾听对方的想法，让对方有所发泄。

④对方态度不好时，不要反驳，最好保持沉默，之后再慢慢回答。

⑤谈话思路清晰，对重要内容进行说明，不要作没有意义的争吵。

下面通过一个案例，来简单认识一下HR该如何化解员工的对抗情绪。

实例分析 **有效转化员工抵触情绪**

　　HR："对于这个结果我们表示非常遗憾，但也无可奈何。"

　　职员："这也太突然了！我想我很难接受！"

　　HR："据你的领导所说，近半年来你设计的很多稿件都被客户退回来了，这是真的吗？"（引导员工自己说出工作问题）

　　职员："可能有几次吧。"

　　HR："客户××的稿件，改了很多次，最终没有通过，是吗？"

　　职员："这是客户××的要求一直在改变，我已经尽力了。"

　　HR："我理解，设计行业就是这样，客户的要求有时难以捉摸，因此更需要设计师有敏锐的视角。听说你最近工作状态不好，稿件交付推迟了很久，你自己觉得呢？"（引导员工回顾自己的工作状态）

　　职员："最近可能有些疲惫，创作态度不好，但我会改善自己的工作状态，没有必要因此就辞退我。"

　　HR："也许你进入了职业倦怠期，可能好好休息一段时间，想想今后的发展，对你更有利呢？其实，这几个月的观察来看，你的状态越来越差，这样下去无论是对公司还是对你自己，都没有益处。"

　　职员："突然更换工作，我更加无所适从。"

　　HR："其实，很多事就只差个开头，我会尽力帮助你理清未来的发展方向，还可以帮你写推荐信。"

　　上例中HR与职员面谈时，采用引导式提问，让职员自己说出有关事实，这样比起由他人指出事实，更能突破对方的心理防线。引导式提问的句式一般为"你觉得……""你认为……"。

HR 要记住，与职员面谈不是对抗和打压对方，而是平等地交流有关事宜，这也是任何沟通的前提。

6.1.5　约定好解雇赔偿金额

HR 除了要向职员解释解雇原因外，还有一项内容非常重要，即经济补偿。面谈双方需要就经济补偿问题进行协商，协商一致后，才能办理离职手续，签订解除劳动合同协议书，避免日后出现劳动纠纷。

企业解雇员工符合下列情形之一的，用人单位应当向劳动者支付经济补偿：

①用人单位向劳动者提出解除劳动合同，并与劳动者协商一致。

②依照《中华人民共和国企业破产法》的相关规定进行重整向劳动者提出解除劳动合同的。

③除用人单位维持或者提高劳动合同约定条件续订劳动合同，劳动者不同意续订的情形外，劳动合同期满终止固定期限劳动合同的。

④用人单位被依法宣告破产向劳动者提出终止劳动合同的。

⑤用人单位被吊销营业执照、责令关闭、撤销或者用人单位决定提前解散向劳动者提出终止劳动合同的。

⑥劳动者患病或者非因工负伤，在规定的医疗期满后不能从事原工作，也不能从事由用人单位另行安排的工作，向劳动者提出解除劳动合同的。

⑦劳动者不能胜任工作，经过培训或者调整工作岗位，仍不能胜任工作，向劳动者提出解除劳动合同的。

⑧劳动合同订立时所依据的客观情况发生重大变化，致使劳动合同无法履行，经用人单位与劳动者协商，未能就变更劳动合同内容达成协议，解除劳动合同的。

⑨法律、行政法规规定的其他情形。

依据《中华人民共和国劳动合同法》第四十七条规定："经济补偿按劳动者在本单位工作的年限，每满一年支付一个月工资的标准向劳动者支付。六个月以上不满一年的，按一年计算；不满六个月的，向劳动者支付半个月工资的经济补偿。

"劳动者月工资高于用人单位所在直辖市、设区的市级人民政府公布的本地区上年度职工月平均工资三倍的，向其支付经济补偿的标准按职工月平均工资三倍的数额支付，向其支付经济补偿的年限最高不超过十二年。"

"本条所称月工资是指劳动者在劳动合同解除或者终止前十二个月的平均

工资。"

而什么情况下企业不用支付经济补偿呢？即过失性辞退，劳动者有下列情形之一的，用人单位可以解除劳动合同：

①在试用期间被证明不符合录用条件的。

②严重违反用人单位的规章制度的。

③严重失职，营私舞弊，给用人单位造成重大损害的。

④劳动者同时与其他用人单位建立劳动关系，对完成本单位的工作任务造成严重影响，或者经用人单位提出，拒不改正的。

⑤以欺诈、胁迫的手段或者乘人之危，使对方在违背真实意思的情况下订立或者变更劳动合同，致使劳动合同无效的。

⑥被依法追究刑事责任的。

> **拓展贴士** 违法解除或者终止劳动合同的法律后果
>
> 用人单位违反《中华人民共和国劳动合同法》规定解除或者终止劳动合同，劳动者要求继续履行劳动合同的，用人单位应当继续履行；劳动者不要求继续履行劳动合同或者劳动合同已经不能继续履行的，用人单位应当依照《中华人民共和国劳动合同法》第四十七条规定的经济补偿标准的二倍向劳动者支付赔偿金。

HR需按照国家有关法律法规的规定计算经济补偿金额，并向职员说明清楚，来看下面的案例。

实例分析 清楚说明经济补偿

HR："关于你本月的工资，财务部会结算清楚，在你的离职手续办完后，直接打到你的账户中。"

职员："除了本月工资的结算，没有其他经济补偿吗？"

HR："根据你近一个月的出勤情况，已经严重违反了公司的考勤制度，因此没有经济补偿。"

职员："什么？这是什么说法？"

HR："这是《中华人民共和国劳动合同法》中规定的，我们也是以法律规定为准，而且你本月的考勤记录是真实记录在册的。"

职员："行吧，那我要怎么办理离职手续？"

6.2 离职面谈作最后挽留

企业招聘人才、培养人才前期会花费大量人力物力，投入的成本难以估量，员工离职无疑会造成成本的浪费，更别说之后的工作安排、填补新人等这一系列的连锁反应，让企业不得不重视员工离职这一问题。

在员工提出离职后，HR要与员工进行离职面谈，想办法了解员工需求，并尽量挽留优秀员工，减少企业的损失。

6.2.1 离职面谈的必要性有哪些

员工离职可能会对企业经营产生影响，不到必要时刻，企业都不愿让人才离开，尤其是优秀人才，那么进行离职面谈便是必需的环节了。离职面谈主要有以下四大作用：

（1）留住员工

离职面谈的首要目的便是留住员工，通过交流，HR可以了解员工内心的想法，满足员工的需求。其实，离职员工有两类，一类是经过深思熟虑，坚决要离职的；还有一类是对企业待遇不满意而提出离职的，如果能改善其待遇，很有可能会留住对方。

（2）改进管理制度

在离职面谈的交流中，员工对企业管理有任何不满都可以大方说出，HR能够获得更真实的信息，根据离职员工的意见，向上级管理人员汇报，将不科学、不人性化的管制制度加以修正。来看下面的例子。

> **实例分析** 从离职人员处收集管理意见
>
> ××公司是业内一家有名的互联网公司，为了更快发展壮大，公司一直在招募人才。不过公司内频繁有员工离职，一开始并未引起管理层的注意，直到今年夏季，突然有一批员工陆续离职，这让公司经营陷入前所未有的困境中，订单量加剧，人手却突然大幅减少。
>
> 公司管理层要求人事部门做两手准备，一边招聘，一边与离职员工进行面谈，务必保证公司人手充足。在与离职员工面谈的过程中，HR了解到大部分职员不认可公司的绩效管理制度，认为绩效管理制度制定过于严苛，让其不得不加班才能完成绩效。

HR 综合各离职员工的意见，将绩效管理制度现存的问题一一上报，管理人员依据报告重新改进制度内容，提高了员工满意度，大大减少了离职率。

（3）方便日后合作

与员工的离职面谈应该本着好聚好散的原则推进，职场中多个朋友多条路，友好地结束劳动关系，可以带来更长远的效益，为日后留出合作的空间和机会，也是为自己拓宽人际关系。

（4）改进招聘方式

离职员工对企业的文化、制度、环境多多少少有不适应的地方，即使自身能力符合岗位要求，也很难真正融入企业。HR 通过了解离职员工的特质，可以改进招聘要求，选到更适合企业的员工。

6.2.2 简单寒暄更好聊

由于员工主动提出离职，因此对离职面谈的态度可能会比较敷衍，HR 应该提前设计好开场白，拉近与员工的距离，为后面的沟通交流开一个"好头"。在正式对话前，可以寒暄两句，但不占用太多时间。可从表 6-2 的四个话题展开寒暄。

表 6-2 寒暄话题

话题	具体介绍
天气	天气话题是寒暄的基础话题，可借此产生简单的交流
新闻热点	新闻热点是大多数人都会关注的内容，可作为日常交流的谈资，包括娱乐新闻、体育赛事等，能有效缓和面谈的紧张氛围
行业热点	对于职场人士来说，行业热点能够吸引其注意力，调动对方的情绪，为之后的对话做好铺垫
赞美对方	HR 可对面谈对象的穿着、精神面貌进行赞美，向对方表示友好之意，如"早上好，你今天状态不错呀""你好，这件外套挺好看的"。HR 需要注意，面对女性职员，不要评价其外貌和身材，有性骚扰的嫌疑，让对方更加抵触此次面谈

几句寒暄过后，HR 应向员工表达关心，瓦解对方的防备心理，可以针对员工本人进行提问，如下所述：

"最近工作很忙吗？"

"我刚刚看了你的绩效考核档案，你的工作能力一直很优秀啊。"

"你们部门最近是不是在策划××项目？"

"××，你进公司有×年了吧？"

"最近工作压力是不是很大？"

HR 主要围绕以下三个要点，对员工发出询问：

①话题针对员工的工作情况，不要涉及对方的私人生活。

②先了解员工的工作状况，不要立刻谈论离职原因。

③可用已知信息试探员工是否真诚。

6.2.3　了解员工离职原因

经过简单的寒暄后，HR 在一个友好的氛围下进入谈话主题，了解员工离职的真实原因，才能"对症下药"。

很多 HR 会直接向员工发问："请问你的离职原因是什么呢？"或是"可以告诉我为什么要离职吗？"这样发问并不是不可以，只是很有可能得到敷衍的回答，如"没有什么特别的原因""我只是不想在公司工作了"。

要想得到具体的答案，HR 应该发出更详细的询问，如"你是因为人际关系的原因离职的吗？"直接得到员工的否定或肯定回答。HR 可从表 6-3 的六方面发出询问。

表 6-3　离职原因的提问方向

提问方向	具体问题
公司管理	①你对公司的总体感觉有什么看法？ ②公司工作环境可以满足你的工作条件吗？可有设备短缺，不好使用的问题？ ③公司内部环境是否嘈杂，影响你的工作？ ④你认为公司的薪酬结构是否设计合理？ ⑤你觉得公司为员工提供的福利还有哪些不足？ ⑥你觉得公司管理人性化吗
人际关系	①你与××平时经常聚餐吗？ ②你觉得××对你的工作表现的评估是否客观公正？ ③你觉得××的管理能力如何？是否给你很多支持？ ④你与同事相处得好吗？ ⑤你与同事私下有联络吗？

续上表

提问方向	具体问题
人际关系	⑥在工作中有不满和意见，你会向领导提出吗？对方会接纳吗？ ⑦在工作中你与同事是否足够默契？ ⑧你到其他部门办事有没有被为难？ ⑨你觉得公司各部门之间的沟通是否顺畅？应该如何改进
学习提升	①在参与工作前你有受过基础培训吗？ ②你对什么样的培训课程感兴趣？ ③你觉得公司的培训课程有哪些不到位的地方？这对工作有怎样的影响？ ④你觉得公司的深造机会是否太少了？ ⑤你还有别的培训需求吗？ ⑥你觉得公司的人才培养计划的关键内容是什么
公司文化	①你认可公司价值观吗？ ②你是否不认可公司文化？ ③你如何看待公司文化
公司制度	①你能不能接受公司的绩效考核制度？ ②你觉得公司对你的绩效评估科学吗？ ③你是否觉得公司的绩效考核过于严苛？ ④你对公司的绩效考核系统有何看法？ ⑤你如何看待公司的激励机制？ ⑥你认可公司的学习选拔机制吗
岗位工作	①你是否对你的工作感到厌倦？ ②你对自己的工作表现满意吗？ ③你的工作能否发挥自己的专业和特长？ ④你有调岗的想法吗

HR 在展开离职面谈前，应主动调查员工的工作情况，向其直接上级了解员工的各项信息，分析可能导致员工离职的原因，从不同维度发出提问，找到员工离职的真正原因。来看下面的案例。

实例分析 从不同维度发问得到离职原因

HR："你进入公司工作也有×年了，你对岗位工作厌倦了吗？"

职员："也没有，这些年都习惯了。"

HR："听张经理说你的工作能力很好，她也很看重你。"（提前调查）

职员："谢谢。"

HR："不过，你和××在工作上的理念不合，常常出现意见相左的情况。"

职员："工作中出现争执很正常。"

HR："今年初你和××负责同一个项目，但因为意见不合，导致项目推进很慢，不得不为你安排其他项目，是吗？"（以事实为基础）

职员："的确。"

HR："那这件事有影响你的工作状态吗？"（开始询问离职原因）

职员："会有一点儿。"

HR："你和××有日常的交流吗？"

职员："一般不交流。"

HR："那这会影响工作氛围吗？"

职员："我想是有影响的。"

HR："如果你和××的工作互不干扰，你会觉得轻松吗？"

职员："这样会好很多。"

6.2.4　离职面谈中常见的问题

离职面谈很可能不像HR预想得那样顺利，HR可能面临各种问题，如员工状态消极，员工顾左右而言他等，这时HR应该如何解决这些问题，并将对话向主题推进呢？下面来看看一些常见问题的处理方式吧。

（1）面谈氛围紧张

如果员工从一开始便带有不满和烦躁的情绪，会让面谈氛围直接进入冰点，HR需要想办法缓解紧张氛围，让员工放松下来，才能进行接下来的对话。具体该如何做呢？有以下一些方式可以借鉴：

①面带微笑，语气温和，从自身出发，表达友好，让对方了解自己的态度。

②主动寒暄，为对方倒水，用主动性打破僵局，正面影响对方的情绪。
③对方排斥的话题，不要强硬推进。
④站在对方的立场上为其说话，可以有效提高其接受度。
⑤认真倾听，用真诚感染对方。
⑥多提对方优势，不提对方的不足。
⑦用简单的问题打开话匣。
⑧展现出面谈的专业性与正式性，不要让对方觉得是形式主义，应付了事。

（2）员工意见很大

员工若是对公司意见很大，参加离职面谈也会心不甘情不愿，当然没有好脸色，HR 不能被其负面情绪影响，要拿出友好专业的态度了解清楚其不满的原因。来看下面的案例。

实例分析 如何面对意见很大的离职员工

职员："为什么要进行离职面谈，我工作忙着呢！"

HR："抱歉，这是工作离职的既定程序，只有经过离职面谈后才能按流程办理离职手续。"

职员："好吧，真麻烦！"

HR："为了不占用你过多的工作时间，我会尽快结束此次对话。"

职员："你要问什么。"

HR："我想对你的工作状态了解多一些，方便公司进行管理上的升级。"

职员："这和我有啥关系？"

HR："每位员工的看法对公司来说都是重要的，我们很重视你的真实意见。相信你对公司的很多地方都有意见。"

职员："没错。"

总的来说，HR 需要接受不满，顺着对方的意思展开对话，进而了解不满因素具体有哪些，然后做出合理的解释，或者表示重视。

（3）话题跑偏

两人对话，话题跑偏是常有的事，但离职面谈具有很强的目的性，HR 要获得有用的信息，必须围绕主题进行对话。因此，当对方发散思维，话题逐渐跑偏时，HR 应及时结束当前话题，拉回主题。这里需用到一些基本的谈话技巧，即先回应对方，再发起新的话题。示例如下。

"你的感受和想法我完全能理解，那你有没有具体的建议呢？"

"的确，你说的问题非常明显，除此之外，还有哪些别的地方需要改进呢？"

"你刚刚所说的内容非常重要，我们重点关注，不过，我还想知道你对……的看法。"

"通过刚刚的对话，我对你的工作情况也有了基本了解，那么你觉得改进……是不是更好呢？"

为了避免话题跑偏，HR 的问题应该越具体越好，这样职员的回答也会限定在一个框架内，减少开放性话题的数量，从实际出发，能够挖掘更有价值的回答。

（4）回避 HR 提问

内敛型员工或是防备心很强的员工面对 HR 的提问，很有可能采取沉默应对，让很多 HR 不知如何是好。这种情况下，HR 能够做些什么呢？

首先，从简单问题入手，引导其回答问题。比如是非题，员工只需回答"是"或"不是"，不用过多陈述。

其次，找到其感兴趣的话题，作为切入点，或是建立关系，如同乡、校友，拉近彼此距离。

然后，主动输出自己的观点，对员工的决定表示理解，询问其离职后的打算，侧面了解员工对工作的看法和以后的规划。

最后，提出条件，如"如果公司能为你提供……你是否考虑留下""如果你能……会选择不离职吗"，慢慢摸索员工的心理防线。

6.2.5　离职面谈的四个阶段

离职面谈一般分四步走，首先进行面谈准备，之后是正式面谈，面谈结束后对相关记录进行整理，最后形成总结报告。每个阶段的具体内容包括哪些呢？下面一起来认识。

（1）准备工作

进行离职面谈之前，HR 要做好相关准备工作，包括准备各项资料、确定面谈时间、面谈地点、面谈话题。具体见表 6-4。

表 6-4 离职面谈准备工作

准备工作	具体介绍
收集员工档案	员工档案包括员工的简历、绩效考核表、考勤表等资料，HR 通过员工档案能快速获得员工基本信息，了解员工特质，设计有针对性的对话形式
设计问题大纲	为了获得有价值的内容，达到离职面谈的目的，HR 可提前设计问题大纲，明确自己应该问些什么。问题大纲可分为六个部分，分别是寒暄、员工工作情况、离职原因、挽留员工、意见建议、祝愿未来
准备离职手续资料	面谈结束后，如果员工执意离职，HR 要向员工提供各项离职所需资料，如离职手续表、离职流程清单、离职证明文件等

（2）正式面谈

正式面谈也有固定的基本流程，HR 一般按以下七步展开对话：

①请员工入座，通过握手、点头、微笑等行为表示友好。

②寒暄开场，并做自我介绍，说明此次面谈的目的，打消员工的疑虑。如下所示。

"××，你好，我是人事专员××，今天请你来主要想聊聊离职的有关问题，方便公司改进管理，并为你理清离职程序。本次面谈的内容不会公开，以免给你造成不良影响。"

③围绕员工工作提出与离职原因有关的问题。

④根据员工的回答，明确离职原因，提出有针对性的解决办法，如加薪、转岗等，试图挽留员工。

⑤收集员工对公司管理工作的意见和建议。

⑥员工执意离开，HR 向其说明离职手续办理流程。

⑦面谈结束时，向对方表示感谢，并祝福对方。

（3）整理面谈内容

对于离职面谈内容，HR 应该整理筛选出有效信息，为公司管理发展所用，离职面谈可全程录音，方便之后整理。不过，HR 应在面谈开始前提醒对方"此次面谈全程录音"，并向其解释原因，得到对方理解后，再开始面谈。

（4）总结有效信息

面对员工提出的意见和建议，HR应总结出可操作的制度提交上级管理人员参考。不过，并不是每一位离职员工的意见都需要参考，HR应该仔细分析每个意见的可行性，尤其是多数离职人员都提到的问题，这些才是公司真正应该引起重视的问题。

第7章
企业内部沟通畅通无阻

HR 属于企业内的一员，要与各部门员工、上级领导沟通交流，处理各项人事工作，如果不掌握一些沟通技巧，HR 很难顺畅地推进工作。在面对矛盾冲突时，HR 更要具备解决问题的能力，才能维持企业内部的友好氛围。

7.1 跨部门沟通拉近关系

规模较大的企业，一般会根据工作性质划分不同部门，每个部门都发挥着必要的功能。虽然有些部门工作性质不同，但工作内容有很大关联，部门与部门之间并非完全独立，反而需要默契合作，才能减少企业损耗，增加企业效益。

因此，跨部门沟通就变得非常重要。面对部门间的屏障，人事部门和管理人员要如何攻破呢？

7.1.1 跨部门沟通的四大问题

要想更顺畅地进行跨部门沟通，HR 首先要知道跨部门沟通的问题有哪些，才有可能针对这些问题找到解决办法。常见的四大问题如下所述：

①没有沟通渠道。促进沟通与交流，首先要有对应的渠道，企业各部门间各有各的管理方式，如果不搭建统一的交流渠道，很难进行沟通交流。就像人事部门需要财务部门提交资料，但没有联系方式，没有对接人员，没有相应手续，这项工作就很难完成。

②规模过大。越是大型的企业，其组织结构越复杂，岗位和部门分化更细，各部门的隔阂也可能更深，沟通难度增加，很容易造成信息曲解。

③信息损耗。信息在传递的过程中容易发生损耗，渠道越曲折，时间越久远，信息受损越严重。为了保证部门间信息传递的准确，HR 要选择更安全的沟通方式。

④权责划分不明。部门的衔接工作应该指定专人负责，并对其工作要求、工作时限、工作标准进行设置，明确相关人员的权责，这样才能保证工作的质量和效率。

7.1.2 从管理上提供跨部门沟通的便利

跨部门沟通存在天然的壁垒，仅靠个人的沟通技巧是无法打破的，企业应从管理上为跨部门沟通提供便利。其实，跨部门沟通是整个企业共同面临的障碍，需要各部门共同努力，具体可从图 7-1 所示的三方面入手。

强调团队意识
企业应该大力提倡团队意识，告诉员工企业是一个整体，要以整体的利益为先，而不是以部门的利益为先。很多时候，员工为了各自的部门工作，忽略衔接工作，反而导致企业整体利益受损

多种沟通方式
合适的沟通方式能达到较好的沟通效果，常见的沟通方式有面对面沟通、电话沟通、网络沟通、邮件沟通。在实际工作中采取哪一种沟通方式，应该具体情况具体分析，如简单的工作可通过网络沟通；正式的工作可发布书面邮件；重要的工作，可直接召开会议，各抒己见；紧急的工作一般面对面沟通

部门领导的支持
作为部门领导，不仅要重视部门绩效的提升，还要支持员工积极做好各项衔接工作，才能从整体上提高企业效益。一来可从部门绩效管理入手，鼓励员工做好其他部门的交接工作；二来可组织部门互相联谊，让各部门员工建立良好的关系，并延续到工作中

图 7-1 跨部门沟通办法

7.1.3 跨部门沟通要注意哪些方面

人事部门作为与各部门交流最为频繁的部门，常常需要其他部门的支持才能完成工作。若是 HR 盲目地进行跨部门交流，可能难以达到最佳效果，因此，

对于跨部门交流的一些注意事项，HR 要有足够了解。

（1）明确沟通主题

HR 在与其他部门人员交流之前，应该弄清楚此次交流的目的和主题，以免正式沟通时找不到重点，浪费彼此时间。HR 可按照以下问题进行准备，列好工作事项。

①你需要对方做什么工作？
②你需要为对方提供哪些资料和帮助？
③工作的时限有多久？（即需要对方在何时完成工作）
④对方若是拒绝，该如何完成工作？有没有别的人选？

（2）熟悉岗位术语

各部门设置的岗位不同，工作性质不同，职员使用的专用术语也有很大差别，这些专业术语容易造成沟通的信息差。因此，对于经常交流的部门，HR 应该懂得一些工作上的专用术语，方便理解对方的意思，提高沟通效率。表 7-1 列举了一些部门的专用业务术语。

表 7-1　业务术语列举

部门	业务术语
财务部	①营业外支出：是指除去主营业务成本和其他业务支出等以外的各项非营业性支出。如罚款支出、捐赠支出、非常损失等。 ②折旧：企业在生产经营过程中使用固定资产而使其损耗导致价值减少仅余一定残值，其原值与残值之差在其使用年限内分摊的固定资产耗费是固定资产折旧。 ③预收款：是指企业向购货方预收的，税法规定课税对象中免予征税的数额。 ④低值易耗品：是指单项价值在规定限额以下并且使用期限不满一年，能多次使用且基本保持其实物形态的劳动资料。 ⑤摊销：指对除固定资产之外，其他可以长期使用的经营性资产按照其使用年限每年分摊购置成本的会计处理办法。 ⑥长期待摊费用：长期待摊费用是账户用于核算企业已经支出，但摊销期限在一年以上（不含一年）的各项费用，包括固定资产修理支出、租入固定资产的改良支出等。 ⑦营业外收入：指与生产经营过程无直接关系，应列入当期利润的收入，如没收包装物押金收入、收回调入职工欠款、罚款净收入等
生产部	①防呆：为了避免使用者的操作失误造成机器或人身伤害，会有针对这些可能发生的情况来做预防措施。

续上表

部门	业务术语
生产部	②量产：即批量生产，是指某种物品在经过一系列的测试后，通过必要的规格审定，同时大批量生产该物品，以备需求所使用。 ③标准工时：是在标准工作环境下，进行一道加工工序所需的人工时间。 ④宽放时间：指在生产过程中进行非纯作业所消耗的附加时间，以及补偿某些影响作业的时间。 ⑤快速换模：是将模具的产品换模时间、生产启动时间或调整时间等尽可能减少的一种过程改进方法。 ⑥在制品：是工业企业正在加工生产但尚未制造完成的产品
人力资源部	①工资总额：是指企业在一定时期内支付给职工的劳动报酬总额。 ②人工成本：指企业在生产经营中由投入劳动力要素所发生的一切费用，包括企业支付给职工的工资性报酬和福利性供给，是企业总成本的组成部分。 ③职业性向：是指一个人所具有的有利于其在某一职业方面成功的素质的总和。 ④最低工资标准：是指劳动者在法定工作时间内或依法签订的劳动合同约定的工作时间内提供了正常劳动的前提下，用人单位依法应当支付的最低劳动报酬。 ⑤竞业限制：是指用人单位和知悉本单位商业秘密或者其他对本单位经营有重大影响的劳动者在终止或解除劳动合同后的，一定限内不得在生产同类产品、经营同类业务或有其他竞争关系的用人单位任职，也不得自己生产与原单位有竞争关系的同类产品或经营同类业务。 ⑥职业资格证书：是表明劳动者具有从事某一职业所必备的学识和技能的证明
销售部	①销售报价：企业根据客户、业务类型、产品数量、交货方式、交货期等做出的价格许诺。 ②销售订单：指的是企业与客户之间签订的一种销售协议。 ③客户管理：通过对客户详细资料的深入分析，来提高客户满意程度，从而提高企业的竞争力。 ④客户信用检查：通过对客户信用状况进行调查分析，从而判断应收款项成为坏账的可能性，为防范坏账提供决策依据

（3）以真诚为原则

任何沟通都应建立在"真诚"的基础上，当 HR 需要其他部门的人员为自己办事或提供资料时，当然应该把对方所需的信息如实告知。如果 HR 隐瞒或是欺骗，事后被对方察觉，今后的工作将很难推进下去。

(4) 避免无意义的争吵

跨部门沟通稍有不慎，容易出现互相推卸责任的情况，甚至是直接争吵，这对工作的处理没有任何积极意义。HR 要注意避免此类事件的发生，关注工作本身，而不是指责同事。完成工作是最重要的，互相争论毫无意义。

(5) 提供多种合作方案

有时候，企业的大项目需要几个部门共同协作，各部门围绕这个项目开会讨论，都想为自己争取利益，比如采购部希望推迟交料时间，生产部希望提前交料时间，往往难以达成一致。这时 HR 若能准备几个备选方案进行讨论，更容易获得大家的认同。

7.1.4 简化企业组织结构

很多企业在发展过程中，由于人员不断增加，从而增设岗位和部门，增加组织结构层级，却忽略了必要性和科学性。在发展到一定阶段后，企业不知不觉多了很多人力资源成本，成为企业的负累。而另一方面，层层叠叠的组织结构，使得内部沟通变得困难，出现职务重叠、权责不明等现象，加剧企业内耗。

为了降低人力成本，也为了各部门能更有效地沟通，企业需要对组织结构进行简化，通过合理设计，减少管理人员的数量，去除不必要的岗位。具体可从以下三方面入手：

①精减管理层：可统计企业管理人员的总人数，按比例精减；也可将中间管理层精减掉，采取直接管理方式。

②控制管理范围：管理人员能够负责的人数是有限的，管理人数太多会难以顾及，管理人数太少更是浪费人力，企业应该根据部门人数安排管理岗位。

③减少副职：明确管理岗位的工作职责，对不必要的助理岗位、副职进行精减。

下面通过一个案例，来了解简化组织结构的思路。

实例分析 企业简化组织结构的流程

某外贸企业进入发展瓶颈期，近年来业绩没有明显提升，经营成本还在不断增加。管理层在分析后，发现企业组织结构复杂、多余，虚耗企业成本，造成工作衔接不顺，难以实现更高的效率目标。图 7-2 所示为该企业当前的组织结构。

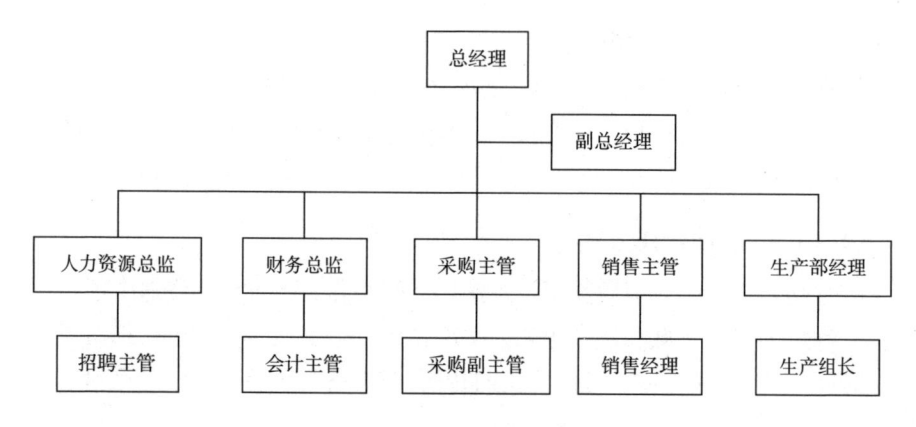

```
                    ┌─────────┐
                    │  总经理  │
                    └────┬────┘
                         │
                    ┌────┴─────┐
                    │ 副总经理 │
                    └────┬─────┘
     ┌──────────┬────────┼────────┬──────────┐
┌────┴───┐ ┌────┴───┐ ┌──┴───┐ ┌──┴───┐ ┌────┴────┐
│人力资源│ │ 财务   │ │采购  │ │销售  │ │生产部   │
│总监    │ │ 总监   │ │主管  │ │主管  │ │经理     │
└────┬───┘ └────┬───┘ └──┬───┘ └──┬───┘ └────┬────┘
┌────┴───┐ ┌────┴───┐ ┌──┴───┐ ┌──┴───┐ ┌────┴────┐
│招聘主管│ │会计主管│ │采购副│ │销售  │ │生产组长 │
│        │ │        │ │主管  │ │经理  │ │         │
└────────┘ └────────┘ └──────┘ └──────┘ └─────────┘
```

图 7-2　某企业组织结构

人事部的负责人经过调查和分析，发现目前的管理层级有四层，即总经理→副总经理→各部门主管→各部门副主管，然后才是各部门员工。这样的结构使上下级沟通变得复杂，很多时候基层员工的意见难以达到高级管理层。同时各部门相对独立，沟通起来有一定困难。

于是，人事部决定对组织结构进行简化，不仅简化纵向管理层，也简化横向结构，简化后的组织结构如图 7-3 所示。

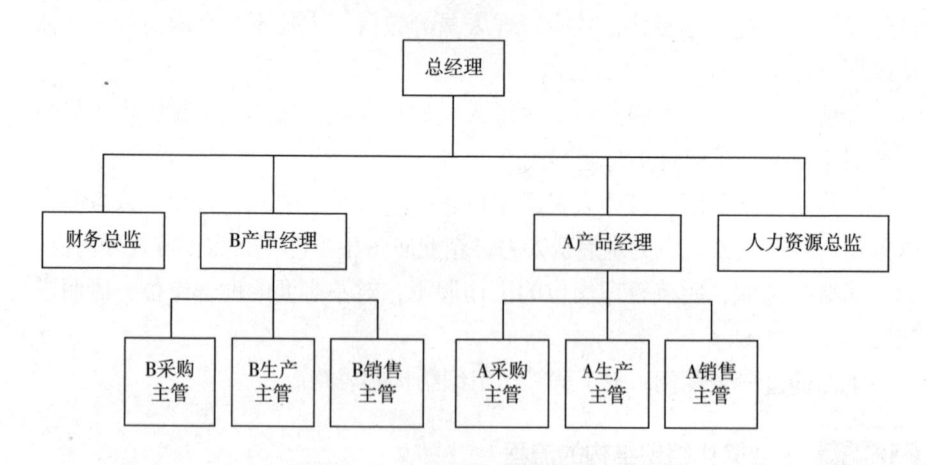

```
                         ┌────────┐
                         │ 总经理 │
                         └────┬───┘
       ┌──────────┬───────────┼───────────┬──────────┐
   ┌───┴────┐ ┌───┴────┐  ┌───┴────┐ ┌───┴────┐ ┌────┴─────┐
   │财务总监│ │B产品   │  │        │ │A产品   │ │人力资源  │
   │        │ │经理    │  │        │ │经理    │ │总监      │
   └────────┘ └───┬────┘  └────────┘ └───┬────┘ └──────────┘
           ┌─────┼─────┐            ┌────┼─────┐
        ┌──┴─┐ ┌─┴──┐┌─┴──┐      ┌──┴─┐┌┴───┐┌─┴──┐
        │B采 │ │B生 ││B销 │      │A采 ││A生 ││A销 │
        │购主│ │产主││售主│      │购主││产主││售主│
        │管  │ │管  ││管  │      │管  ││管  ││管  │
        └────┘ └────┘└────┘      └────┘└────┘└────┘
```

图 7-3　企业简化组织结构图

上例中，企业为了简化组织结构，减少了副总经理的职位，同时将财务部和人事部的副主管职位也撤除了，由总经理直接管理各部门业务，这是纵向结构的改变。

从横向组织结构来看，人事部将采购部、生产部、销售部进行合并重组，按照经营产品类型统一管理,这样三个部门更好沟通了。

此案例也给 HR 带来一些启示,简化组织结构时可注意以下事项:

①企业的基本职能部门,如后勤部、行政部、人事部和财务部可直接管理,有的基本职能部门还可以合并成一个部门,节约管理成本。

②生产、创造、销售等业务最好统一管理,形成一条连贯的业务链,这样各部门互相沟通、传递信息等要方便很多。

③给基层员工一些自主性,这样工作安排起来更灵活,也有利于与其他部门交接工作。

④控制管理人员的数量,必要时果断精减。

7.1.5 建立管理信息系统

管理信息系统(MIS,management information system)是一个以人为主导,利用计算机硬件、软件、网络通信设备及其他办公设备,进行信息的收集、传输、加工、储存、更新、拓展和维护的系统。对数据的统一管理,让部门间的信息互换更为方便,有利于跨部门沟通。

管理信息系统有一个很重要的特点,便是共享性,企业内不同层级、不同部门都可共同使用某些信息及资源,避免信息在传递过程中的重叠。由于搭建管理信息系统过于复杂,企业一般会选择专业的软件系统,或是请软件公司设计适合企业的管理信息系统。图 7-4 所示为某软件公司提供的管理信息系统产品。

图 7-4 管理信息系统产品

除了付费搭建，有些软件科技公司也提供了免费版本，如 PingCode、Worktile、TAPD、Teambition 等，如图 7-5、图 7-6 所示。

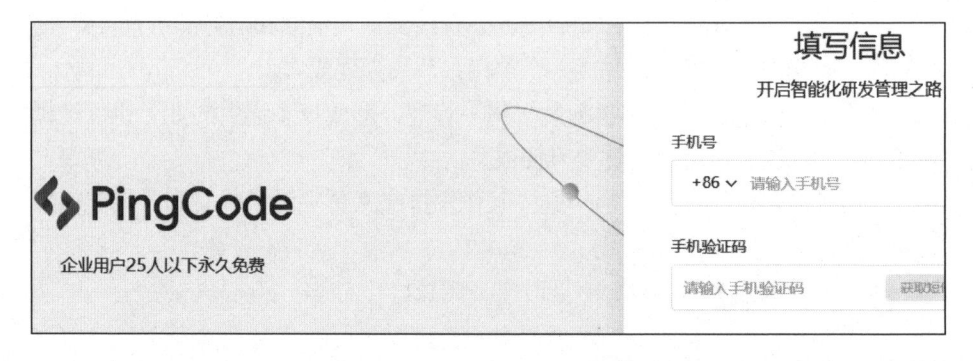

图 7-5　PingCode 登录页面

图 7-6　Worktile 网站页面

7.1.6　利用各种沟通渠道

除了管理信息系统这一平台，企业内还应建立其他沟通渠道，尽可能地方便部门间的沟通。企业内部的沟通渠道可分为两大类——正式沟通渠道和非正式沟通渠道，两种渠道的优缺点见表 7-2。

表 7-2　正式沟通渠道和非正式沟通渠道的优缺点

渠道分类	含义	优点	缺点
正式沟通渠道	按照企业内部的权力结构和组织原则进行信息传递与交流，包括传达文件、召开会议、向领导定期汇报等	①正式、严肃，沟通双方较为重视。②沟通效果好，有管理制度作为约束。③沟通内容具有保密性，不会轻易泄露给其他人。④具有权威性，沟通内容值得信赖。⑤机密内容采用此方式传达能保证安全性	遵循企业组织结构的传递规范，较为呆板，效率较慢
非正式沟通渠道	不受企业权力结构限制，可向任何方向传播信息，不受组织监督，同事私下交流、聚会等都属于非正式沟通	①沟通形式多样，可面谈、可网络交流。②高效、直接。③适用于任何信息（除机密信息）	①在实际操作中，难以控制沟通效果。②信息容易被遗忘、曲解、篡改。③依靠人际交往，需要搭建好关系网。④容易出现排挤他人的弊端，不利于信息共享

在实际交流时，HR 往往是将两种沟通渠道结合，并利用网络社交工具，增加沟通的机会。现如今的很多社交软件都能够提供实时的交流互动，如微信、QQ 等。不过对于专业的职场人士来说，一般会使用更为专业的企业办公软件进行沟通，如企业微信、钉钉等，下面进行具体介绍。

（1）企业微信

企业微信是腾讯微信团队为企业打造的专业办公管理工具，具有与微信一致的沟通体验、丰富免费的 OA 应用，并与微信消息、小程序、微信支付等互通，具体有图 7-7 所示的一些功能。

（2）钉钉

钉钉（Ding Talk）是阿里巴巴集团打造的企业级智能移动办公平台，能够实现免费沟通，支持手机和电脑间文件互传，能够推动企业管理的数字化。图 7-8 所示为钉钉支持的服务。

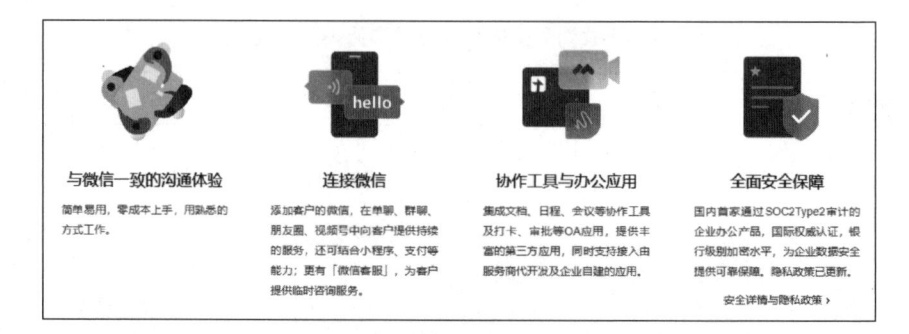

图 7-7　企业微信功能

图 7-8　钉钉支持的服务

7.2　与领导沟通把握好度

HR 作为职场人士，不仅要与其他部门的员工进行沟通，还要与上级沟通。面对职位更高的对象，很多 HR 都会感觉到天然的障碍，不知道说什么，不知道怎么说。常见的沟通障碍如下：

①认为领导对自己有偏见。

②被领导否定后不敢表达。

③怕打扰领导工作，因此推迟交流。

④觉得和领导沟通浪费时间，影响工作进度。

其实，与领导沟通属于正常的工作交流，作为职场人士一定要扭转自己的心态，在工作需要的情况下大胆交流。

7.2.1 如何应对领导指责

职场人士在工作中难免出现纰漏，被领导指责也属于正常现象，不必给自己增加心理负担。被领导指责后，HR应该如何应对呢？

①减少失误。HR应该将自己的工作安排好，并认真完成，努力提升自己的工作能力，改进工作问题，从根源上减少领导的指责，这样就不用面对无措的对话场面。

②调整心态。相信很多人面对责骂时都会觉得难受、委屈和不满，在职场中最好不要将这些情绪放大，而要转移负面情绪，分析问题的关键所在，思考如何回复领导。

③不做无谓争执。HR即使不认同领导的批评，也要保持冷静，理清思路后找机会做进一步沟通，不要进行无谓的争执，对于解决问题没有任何帮助，还会被情绪裹挟失去判断能力。

④提出解决办法。HR清楚自己的工作失误后，应该立即想办法解决，并向领导说明。一般来说，领导指责员工的最终目的是找出解决办法，并让员工意识到自己的错误，如果HR能够弥补失误，对领导来说再好不过了。

下面通过案例来参考借鉴应对方式。

实例分析　领导指责HR未招够人

领导："为什么半个月了还没有招够人，你有没有认真工作，还是不知道怎么招人？"

HR："到目前为止确实没有招到人。"

领导："那你之前半个月在干什么？组织不了招聘活动，我可以换人。"

HR："之前半个月，组织过两次招聘活动，有两位人员愿意入职，但没有如期来公司上班。"

领导："这说明你们的招聘工作做得不到位，没有招到真正的专业人士，全是一些三天打鱼两天晒网的人！"

HR："这的确是我们工作的失误，下次不会再犯了。"

领导："哪里还有下次？目前我们急需两名网页设计师帮我们拓展海外市场，耽误时机，对公司损失有多大你知道吗！"

HR："这次招聘我们没有筛选到合适的人才，也没有计划备用方案，的确是我考虑不周。但是技术部的招聘条件迟迟没有整理好，发到人事部。"

领导:"所以,现在是在推卸责任吗?"

HR:"不是的,我们已经想好解决方案,通过多平台招聘,建立人才储备库,根据技术部提供的资料定向筛选,明日就能确定面试人员,本周就能及时上岗。"

领导:"行吧,那就尽快开展,本周我要看到结果。至于技术部的工作问题,你应该及时督促,时间耽误了,也要及时上报于我。"

HR:"好的,我记住了。"

从上例的对话中,HR 大概可以总结五点应对技巧:

①不论自己有没有错,不要急着认错或反驳。
②将注意力放在工作本身上,而不是将负面评价归咎于个人。
③主动道歉,承认失误,要有勇敢面对失误的勇气。
④不是自己的责任可进行澄清、反馈。
⑤给出解决方案,让领导安心。

7.2.2 和领导好好谈升职加薪

职场人士在企业工作肯定都盼望着升职加薪,总轮不到自己,因此心中难免焦虑,主动向领导提出又不知该如何表达。如何向领导表达升职加薪的愿望,以提高成功率呢?HR 要注意以下一些事项。

(1)了解企业薪酬管理制度

企业各岗位员工的薪资一般按照薪酬管理制度发放,调薪也要按照薪酬管理制度的标准进行。HR 想要升职加薪,首先要确定自己是否满足升职加薪的条件。下例所示为某企业薪酬管理制度中"个人薪资调整"的内容,其中不仅说明了调薪的具体情况,还划定了很多限制条件。

实例分析 关于"个人薪资调整"的内容

1.基于业绩、工作表现而引起的职位变动而调薪。职位变动包括:晋级、晋等和晋职。

(1)晋级:同一职等内,每经过一次年度考核为 B 级(良好)及以上者,可以在本职等内向上晋升一个职级;当晋升到本职等最高职级以后,不再晋升职级,除非晋升到更高的职等。

(2)晋等:等级制员工的晋等以存在晋等空间为前提条件;等级制员工

连续三年考核为良好或以上者，且薪资等级已处于所在职等的最高职级，可晋升一个职等。

（3）晋职：根据考核结果和企业人力资源需求状况，符合条件者可以晋职。具体由集团、下属企业及综合办公室根据实际情况拟定，呈报集团总裁核准后执行。

2. 基于能力调薪。企业认可的与工作相关的能力会带来调薪机会，这些专业技能应该是企业业务需要的，企业能够认可的。

3. 此外，发生一些其他的情况也会调薪。比如，企业对岗位重新评估，企业薪资结构调整，员工调派，临时工作任务等。

4. 员工在年度内曾受累计记大过一次处分而未撤销者，两年内不得调薪。

5. 入职未满一年不得调薪。

（2）准备业绩资料

想要领导给自己升职加薪，HR 本人需要具备相应的工作能力和经验。如何表现自己的工作能力呢？当然以个人绩效资料为准，不过，HR 不能直接将绩效资料摆在领导面前，而是要整理分析出关键数据，让领导能看到自己对企业的贡献。

（3）做好未来规划

升职加薪后，HR 能为企业带来什么，这是领导更为关心的一点。HR 不仅要对自己的工作进行规划，还要考虑企业的发展，比如怎样节约人力成本，怎样优化人事结构等，可做份简单的报告供领导参考。

（4）选择好的时机

与领导沟通升职加薪，时机很重要，HR 应该关注以下三点，最好是在以下三点重合的时机向领导提出。

①领导心情不错的时候。

②部门绩效不错，没有工作失误的时候。

③企业处于发展上升期。

（5）明确自己的诉求

HR 一定要明确自己的诉求，并向领导清楚表达，否则就是平白浪费时间，说不到重点，同时也让领导困惑。最好是说明具体的加薪金额或晋升岗位，领导可能会接受、否定或给出自己认可的金额。HR 要注意，薪酬涨幅要符合企业调薪标准，不能定得过高。

> **拓展贴士** 与领导谈升职加薪切忌这几件事
>
> HR 要与领导沟通升职加薪问题，最好是直接沟通，就事论事，不要牵扯其他问题。切忌做以下的行为：
> ①与其他同事对比，即使是同岗位员工，由于绩效考核结果不同，薪酬也会有差距，没有对比的必要。
> ②仗着年龄资历提要求，调薪制度有具体的规定，不会因为入职时间长而涨薪。
> ③提出离职威胁领导，如"如果薪资不合意，我会离职。"领导大概率会产生抵触心理，HR 很有可能让自己陷入两难的处境。

7.2.3 如何向领导汇报工作

实例分析 汇报工作时切忌准备不足

张 × 是某企业的行政管理人员，由于领导休年假，暂时由张 × 处理各项行政事务。营销部门向行政部申请活动的资源，张 × 觉得自己不能做主，联系领导不成，于是直接向总经理汇报此次活动内容及所需资源。

总经理还未听完张 × 的汇报便直接打断他，对话如下：

总经理："你直接告诉我，活动总共需要多少经费，哪些设备和人员，什么时候开始。"

张 ×："我还没有具体算过。"

总经理："以后汇报工作整理好了再来。"

张 ×："好的，抱歉，我先去整理一下。"

上例中张 × 因经验不足，所以在汇报工作时被领导批评，HR 一定要引以为鉴，不要一知半解时便去向领导汇报工作。在向领导汇报工作时，HR 要注意以下一些事项。

（1）提前整理汇报内容

向领导汇报工作，不能像记流水账一样向其表述昨天做了什么，今天做了什么，明天做什么，而应该有逻辑有重点。HR 要根据工作汇报的时间不同，对工作内容的要点进行整理，具体见表 7-3。

表 7-3　汇报要点

汇报时间	汇报目的	要点内容
工作前汇报	①工作开展前需要领导同意或签字。 ②对工作有全新的想法或是不解，寻求领导肯定	工作项目的目的、负责人、时限、关键环节、需求
工作中汇报	①出现突发问题，如工作项目改变、工作项目推迟、工作项目提前，向领导请示。 ②遇到困难请求领导帮助。 ③让领导了解工作进程	工作完成情况、工作难点、需要的资源
总结汇报	①报告工作成果。 ②说明工作过程中的经验、技术要点、改进项目	完成情况、重点事件
定期汇报	让领导了解并指示工作	工作指标和数据

（2）先说结论或需求

领导管理的工作比普通员工更多，因此其时间也更宝贵，HR 汇报工作要先讲重点，开门见山地告诉对方此次工作的最终成果，或是汇报工作的最终目的。领导若想多了解哪一项内容，HR 再根据对方的提问进行回答。如下例所述。

实例分析　汇报工作时抓住重点

HR："李总，××月××日××招聘活动已圆满结束，本次活动由我和人事专员××、××及业务部的××负责，共招入业务员三名，现已进入入职培训环节。"

领导："好的，近期只有这一次招聘活动吗？"

HR："没错，上半年只有一次，7月份还会再策划一场夏季招聘活动。"

领导："这次招聘活动的成本是多少？"

HR："此次活动成本控制在计划范围内，一共消耗××元，其中，广告投入××元，活动设备投入××元。"

（3）利用二八原则

汇报内容遵循二八原则，即只汇报 20% 的重点内容，其余 80% 无须全部讲完，领导可通过纸质报告查看，节约汇报时间。HR 应根据工作内容、性质，整理出关键内容，按照时间先后或其他逻辑顺序进行说明。

（4）多种请示方式

向领导汇报工作也分正式和不正式两类，正式汇报当然要整理资料，书写报告，或制作 PPT。但对于一些紧急或基础的工作，可采用非正式的汇报方式，如微信、邮件、电话等，可以更高效地推进工作。

7.2.4 与领导意见不一应委婉表达

在推进具体的工作时，HR 可能会有与领导意见不统一的情况，这种时候该如何委婉表达自己的观点呢？HR 要做好以下六点：

①保持谦逊。不要因为自己想法多便恃才傲物，不把别人放在与眼里。越是谦逊的表达，对方越能接受，如"这只是我个人的看法，肯定有不完善的地方，大家觉得不妥可以补充讨论。"

②学会求助。与其反对领导，不如向领导求助，同样可以表示自己的不认同。如领导在会议中提出本月必须做好人事精减，HR 可以提出"如果本月末完成人事精减，但部门中还需要招聘两名人事专员，招聘活动是不是也要停下来呢？"

③突出共同目标。如果 HR 与领导的工作目标一致，只是方法不一，可大胆提出。先强调一下共同目标，然后提出自己的建议，如"要完成行政部和后勤部合并，还可以……"

④先赞同对方。HR 提出自己的意见时，先对领导的想法表示赞同，如"我觉得你的想法很有远见，那如果我……可不可以呢？"

⑤文字表达。为了避免面对面沟通的尴尬，HR 可采取其他表达方式，包括报告、邮件、微信等，措辞更加严谨、规范，观点更加清楚明白。

⑥多用疑问句。减少肯定句式，用疑问句缓和语气，表达对对方意见的尊重，如"不知道……可行吗？""那我能够采取……吗？""不知道这样会不会有效？"

7.3 团队沟通高效完成工作

团队沟通是指工作小组内部发生的所有形式的沟通，随着团队的组建而产生。团队成员分工合作，互相监督，在工作中是非常紧密的关系，如果团队成员沟通顺畅，就能更高效地完成工作，提高团队的整体效率。

7.3.1 初次见面如何打破僵局

团队刚刚组建之时，成员间并不熟悉，为了更融洽地开展后续工作，成员之间一定要主动打破僵局，可选择以下三种方式：

（1）问候

与人见面第一件事自然是打招呼，拉近关系，表示友好。问候方式各有不同，具体见表 7-4。

表 7-4 常见的问候方式

问候方式	介绍	示例
传统型	即日常问好，非常简短地打招呼	①你好。 ②大家好。 ③早上好，吃饭了吗
关联型	找到对方与自己的共同点或相似处，建立关联，以此发问，如同龄、同乡、同校	①我记得你是××人，对吧？ ②你进企业多久了
赞美型	赞美对方的优点，活跃气氛	①你今天的搭配很复古。 ②你的手机壳真好看
阐述型	对环境、现状进行阐述，并以此为话题进行交流	①你有没有觉得今天异常热？ ②最近招聘活动一定很多吧？ ③听说这次主要让我们负责……

（2）自我介绍

互相问候之后，HR 主动向对方做自我介绍，可让对方知道自己是谁，职位是什么，这样对方就不会觉得自己太过陌生。如下所述。

我是人事部的人事专员××，入职两年了，主要负责招聘工作，处理日常 HR 流程，以后请多多指教。

（3）切入话题

对方如果较为内向，HR 应该主动提起话题，并发起询问，比如询问对方的工作日常，对团队建立的看法，之后的团队项目……这些都可以交流。如果团队会议未正式开始，除了工作话题，还可以聊聊最近的热门话题，活跃气氛。

7.3.2 成员有争执该怎么办

团队中产生冲突，团队成员彼此不和，势必会影响团队的正常工作，无论是团队管理者还是团队成员，都要尽力避免这一情况。团队成员不和的主要原因如下：

①工作方式不同。
②成员间的工作权责不清。
③个人性格差异。
④成员间出现竞争。

要处理好团队成员间的关系，HR 需要做好以下一些工作。

（1）及时处理

HR 与团队成员出现矛盾时，要第一时间稳定对方情绪，以免事态扩大，提出折中解决的方案供对方参考，对于自己不能处理的可以请示领导。若不能进一步解决问题，矛盾只会不断累积，最后像滚雪球一样，越滚越大。HR 可按以下四个步骤解决矛盾：

①回避。在冲突激烈的时候，回避是缓解冲突最有效的方法，等双方冷静下来后再处理问题。

②调解。HR 可主动调解，也可让领导进行调解，在双方的意见中寻求平衡。

③退步。HR 要知道在团队中有所妥协是正常的，有原则的退步能使团队利益最大化，自己也有所得益。

④合作。在双方的认可下展开合作，获得双赢。

（2）理清自己的工作

HR 要明确自己在团队中的位置和职责，在领导分配工作时，也要理清自己对哪些工作负责，以免将自己的工作推卸给别人，或是应该协助同事的工作没有尽责，引起对方不满。

（3）建立反馈机制

沟通是双向的，团队成员间的交流也应该建立在双向的基础上，保证信息的有效接收。因此，无论是以什么形式展开交流，HR 一定要建立反馈机制。

①在自己发布信息时，要说明"收到请回复"。
②在自己接收信息时，要说明"已收到""好的""OK"等。

（4）更换搭档

对于各方面都不和的搭档，HR 也没有必要压抑自己强行共事，可向领导提出更换搭档。为了更好地管理团队，领导会慎重考虑 HR 的意见。

如果 HR 是团队管理者，又该如何面对团队内的各种冲突呢？具体见表 7-5。

表 7-5　团队冲突的管理方法

方　法	具体介绍
了解成员	为了从源头减少团队成员间的冲突，HR 应该了解所有团队成员，对每个人的信息和特点进行记录，并将成员标签化，按照每个人的特点安排工作，对于性格不合的员工，最好不要安排两人搭档
经常沟通	对于产生冲突的双方，HR 要及时分别沟通，提出解决方案，也要定期与每个成员沟通，了解他们的诉求
及时奖励	在冲突中总有一方需要让步，对于愿意让步的成员，HR 也不能让其受委屈，应该给予其补偿和奖励，肯定其为团队利益做出的让步
举行活动	定期举行团队活动，要么聚餐，要么外出旅游，建立更紧密的团队关系

7.3.3　懂得赞美团队成员

HR 身处团队中，要想与团队成员保持好的关系，就要懂得赞美对方，作为团队管理者，更要通过赞美激励团队成员，点燃团队成员的斗志，激发其工作的热情。虽然是简单的几句赞美，可是影响却是不可估量的。

不过赞美他人也是一项技术活，若是用词不当，不仅不能激励对方，反而会引起反感。HR 要赞美团队成员，应该遵循以下六项基本原则：

①准确：一个人画画好，却夸他有音乐才能，只会令自己陷入尴尬的处境。赞美的前提是了解，HR 只有了解成员的优点和缺点，才能对其进行准确的赞美。

②真诚：赞美他人应该真诚，让员工真正认识到自己的优点，敷衍的夸赞会减弱赞美的价值，甚至造成相反的效果。

③公开：如何将夸赞的效果放到最大，公开赞扬是最好的方式，员工一定备受激励，获得极大的荣誉感。

④及时：赞扬团队成员也分时机，在当下表扬对方能让对方有更深刻的记

忆，从而维持好的工作表现。

⑤不夸张：无论赞美或批评都讲究一个"度"，过于夸张的表达既让人觉得不真诚，也让人无法适应，准确合适的赞美才能真正感染成员。

⑥具体：HR 不能仅仅用"做得好""表现不错"等话语赞美团队成员，而要针对具体的事件、具体的行为对员工表达赞美。

为了让成员更好地接受赞美，HR 最好掌握图 7-9 所示的一些技巧。

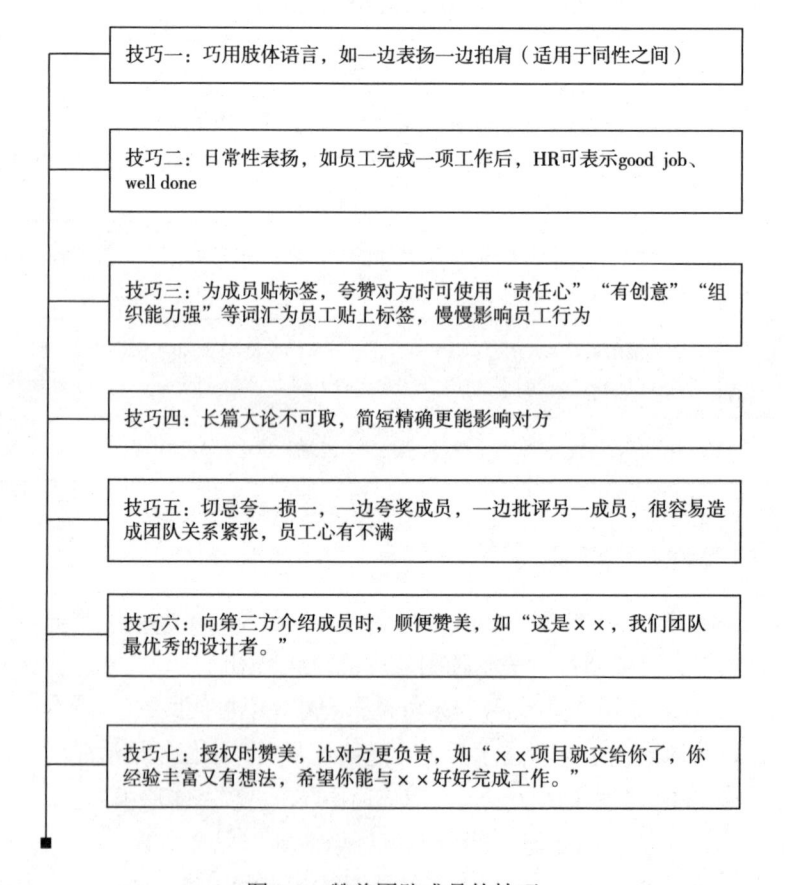

技巧一：巧用肢体语言，如一边表扬一边拍肩（适用于同性之间）

技巧二：日常性表扬，如员工完成一项工作后，HR可表示good job、well done

技巧三：为成员贴标签，夸赞对方时可使用"责任心""有创意""组织能力强"等词汇为员工贴上标签，慢慢影响员工行为

技巧四：长篇大论不可取，简短精确更能影响对方

技巧五：切忌夸一损一，一边夸奖成员，一边批评另一成员，很容易造成团队关系紧张，员工心有不满

技巧六：向第三方介绍成员时，顺便赞美，如"这是××，我们团队最优秀的设计者。"

技巧七：授权时赞美，让对方更负责，如"××项目就交给你了，你经验丰富又有想法，希望你能与××好好完成工作。"

图 7-9　赞美团队成员的技巧

7.3.4　懂得拒绝同事的无理要求

在职场中 HR 不仅要处理自己的工作，可能还面临同事的协助请求。帮同事忙也不算什么大事，工作上互相帮助效率可能更高，但如果同事将自己的工作扔给自己或是频繁求助，势必会对本职工作产生影响。很多职场人士因为不懂拒绝同事，背负了很多不属于自己的工作，结果自己身心疲惫。HR 要懂得拒绝同事的无理要求。

那么，HR 该如何拒绝同事的无理请求呢？

（1）延迟处理

若是不好直接拒绝同事的请求，HR 可以延迟处理对方的工作，对方若等不及便会自己处理。示例如下：

"不好意思，我现在在忙，等会工作结束后或许能帮你看一下。"

"我现在没有时间，有工作需要紧急处理，不然你先试着自己解决吧。"

"这只能等我有时间才能处理，要不你先问问其他人？"

（2）等价交换

有时候 HR 可以直接利用同事的无理要求，提出等价交换的条件，对方接受自己也能得益，对方不接受也没损失。示例如下：

"要我帮你整理简历啊，可以啊，正好我也有件事想让你帮忙，你能不能××？"

"你让我帮你加班，可以啊，我明天正好有事要去××，那明天你帮我加班吧。"

（3）利用领导的名义

将领导的安排提出来，让对方没有办法继续提出请求。示例如下：

"这事倒不难，不过，刚刚张经理让我立刻办理××，我必须尽快搞定。"

"不巧刚刚领导让我明天内提交报告，不如你先帮我做报告，然后我再帮你做××。"

"此次活动确实有些繁重，我觉得你应该直接和领导沟通，让他给你增加两个人手，不然很难完成。"

（4）告知方法和建议

在同事求助时，直接告诉对方工作方法，让对方自己操作，这样能够节约自己的时间。示例如下：

"你可以在××下载资料，自己编辑。"

"你可以翻阅过往材料，按照模板设计内容即可。"

（5）模糊回应

对于对方的请求若是实在拒绝不了，不要用肯定的语气答应对方，最好模糊回应，对方总会知难而退。示例如下：
"我有时间再帮你看看吧。"
"你先放那儿吧。"
"我不确定有没有时间。"
"我需要看看最近的工作安排。"